Rで学ぶ
日本語テキスト
マイニング

石田基広・小林雄一郎 著

ひつじ書房

まえがき

　さまざまな研究領域や実務分野で，テキストマイニングという技術の導入が進んでいます．テキストマイニングとは，特に大規模なテキストデータを対象に，情報科学やデータ科学に基づいて分析を行い，新しい知見を導こうとする試みの総称です．

　テキストマイニングの応用事例はさまざまですが，共通するのは，テキストをコンピュータで処理し，データマイニングと呼ばれるデータ分析手法を適用することです．コンピュータの力を借りることで，人間の処理能力を超えた膨大な量のテキストを分析対象とすることができます．また，データマイニングを適用すると，人間の読解力では見落としやすい隠れた特徴が明らかになることがあります．

　さらに，テキストマイニングによる分析で特徴的なのは，文字データであるテキストをグラフィカルに表現できることです．すなわち，テキスト分析の結果から，さまざまなグラフを作成できます．通常の統計解析では，データの特徴を数値で表現しますが，これをグラフに置き換えることで，分析結果やその意味が分かりやすくなるのです．

　本書は，テキストマイニングを語学・文学研究に応用するための入門書です．例を挙げると，あるテキストの登場人物たちの関係を彼らのセリフに基づいて分析し，その結果から相関図をグラフとして描くことが可能になります．あるいは，ある作家の複数の小説を分析することで，その作家に特徴的な言葉遣い(文体)を抽出することなどもできます．

　一般に，日本語のテキストをコンピュータで分析するには2つのステップが必要です．最初のステップでは，形態素解析という技術によって文章を単語に分割します．本書では，フリーの(無料で自由に使うことのできる)形態素解析器であるMeCabやJumanについて解説します．次のステップでは，解析した結果を集計し，これをデータとして分析します．本書ではR

というデータ解析ソフトの利用方法を紹介します．R はフリーながら，非常に強力なデータ解析機能とグラフィックス作成機能を備えています．また R を使うことで，形態素解析とデータ解析という 2 つのステップを一度に実現できます．

　なお，本書は大きく 2 つに分けられます．前半では，形態素解析とデータマイニングの手法，そして R の操作方法について詳細に解説しています．言わば，テキストマイニングの入門編です．後半は，テキストマイニングをさまざまな課題に適用した事例を紹介しています．こちらは実践編です．いずれの場合も，本書に掲載したデータと R のスクリプト（命令コード）をサポートサイト（https://sites.google.com/site/hituzitm/）に掲載しています．これらのデータとスクリプトをダウンロードすることで，読者は，本書で紹介する分析手法や分析事例を，自身のパソコン上で再現することができます．

　本書の内容は，一見すると，いわゆる理系の技術書に近いと感じられるかもしれません．しかし，テキストマイニングは文系分野でも有力な研究ツールになります．本書がテキストマイニング導入の一助となれば幸いです．

目次

まえがき　　　　　　　　　　　　　　　　　　　　　　　　　iii

第1章　テキストマイニングとは何か　　　　　　　　　　　　1

1. はじめに　　　　　　　　　　　　　　　　　　　　　　　1
2. 計量言語学　　　　　　　　　　　　　　　　　　　　　　4
3. コーパス　　　　　　　　　　　　　　　　　　　　　　　8
4. 形態素解析　　　　　　　　　　　　　　　　　　　　　　10
5. 構文解析　　　　　　　　　　　　　　　　　　　　　　　15
6. 意味解析　　　　　　　　　　　　　　　　　　　　　　　17
7. 日本語・日本文学研究におけるテキストマイニング　　　　19

第2章　Rと基本統計量　　　　　　　　　　　　　　　　　　23

1. はじめに　　　　　　　　　　　　　　　　　　　　　　　23
2. インストール　　　　　　　　　　　　　　　　　　　　　23
3. Rの基本操作　　　　　　　　　　　　　　　　　　　　　26
4. プログラミング言語としてのR　　　　　　　　　　　　　31
5. 基本統計量　　　　　　　　　　　　　　　　　　　　　　40

第3章　Rによるテキストマイニング　　　　　　　　　　　　51

1. はじめに　　　　　　　　　　　　　　　　　　　　　　　51
2. 形態素解析済みのテキストの読み込み　　　　　　　　　　51
3. RMeCabパッケージ　　　　　　　　　　　　　　　　　　60

第4章　日本語作文のテキストマイニング　　　　　　　　　　87
　　　　　　大学生が書いた作文を例に

1. はじめに　　　　　　　　　　　　　　　　　　　　　　87
2. 分析データ　　　　　　　　　　　　　　　　　　　　　88
3. 独立性の検定　　　　　　　　　　　　　　　　　　　　89
4. 相関分析　　　　　　　　　　　　　　　　　　　　　　98
5. まとめ　　　　　　　　　　　　　　　　　　　　　　　99

第5章　政治的談話のテキストマイニング　　　　　　　　　101
　　　　　　所信表明演説を例に

1. はじめに　　　　　　　　　　　　　　　　　　　　　　101
2. 分析データ　　　　　　　　　　　　　　　　　　　　　102
3. 分割表の用意　　　　　　　　　　　　　　　　　　　　103
4. 対応分析によるクラスタリング　　　　　　　　　　　　105
5. クラスター分析によるクラスタリング　　　　　　　　　111
6. まとめ　　　　　　　　　　　　　　　　　　　　　　　115

第6章　対照言語データのテキストマイニング　　　　　　　117
　　　　　　ヨーロッパ10言語の数詞を例に

1. はじめに　　　　　　　　　　　　　　　　　　　　　　117
2. 分析データ　　　　　　　　　　　　　　　　　　　　　118
3. 多次元尺度法によるクラスタリング　　　　　　　　　　120
4. 系統樹によるクラスタリング　　　　　　　　　　　　　122
5. まとめ　　　　　　　　　　　　　　　　　　　　　　　127

第7章　対話形式データのテキストマイニング
『機動戦士ガンダム』の台本を例に　　129

1. はじめに　　129
2. 分析データ　　130
3. 変数　　131
4. ネットワーク分析による人間関係の可視化　　133
5. まとめ　　139

第8章　文学作品のテキストマイニング
芥川龍之介と太宰治を例に　　141

1. はじめに　　141
2. 分析データ　　142
3. 説明変数　　143
4. クラスター分析による著者推定　　145
5. 線形判別分析による著者推定　　146
6. サポートベクターマシンによる著者推定　　152
7. まとめ　　155

第9章　ジャンル別データのテキストマイニング
書き言葉均衡コーパスを例に　　157

1. はじめに　　157
2. 分析データ　　158
3. 説明変数　　159
4. ナイーブベイズによるジャンル判定　　163
5. k近傍法によるジャンル判定　　166
6. バギングによるジャンル判定　　168

7. まとめ　171

第10章　方言データのテキストマイニング　173
　　　　　「茸」のアクセントパターンを例に

1. はじめに　173
2. 分析データ　174
3. 説明変数　175
4. 決定木によるアクセントパターンの推定　178
5. ランダムフォレストによるアクセントパターンの推定　185
6. まとめ　190

参考文献　191
索引　195

第 1 章
テキストマイニングとは何か

> 本章では，テキストマイニングとは何かを説明し，実際の解析に使うことができるツールをいくつか紹介します。

1. はじめに

　テキストマイニング (text mining) は，テキストを対象としたデータマイニングの理論や技術の総称です。そこでまず，データマイニング (data mining) という言葉について説明します。

　mining は mine (採掘する) の活用形です。すなわち，データマイニングとはデータの中から有用な情報を掘り出すことです。特に，大量かつゴミ (ノイズ) を含むデータの中から，役立つ情報を見つけ出す技術を指して使われることが多いです。有名な話があります。アメリカのあるスーパーマーケットチェーンが店舗のレジから吸い上げたデータを分析したところ，週末におむつを買う客はビールも一緒に買う傾向にあることを発見しました。これは，若い父親が母親に頼まれてスーパーマーケットに行き，おむつを買う際に，ついでにビールをカートに入れるのだと解釈されています。この分析結果を利用すれば，たとえば，おむつ売り場からレジへの通り道にビール売り場を置くなどの工夫をするアイデアも生まれます (このスーパーマーケットが実際にそのような販売戦略を取ったかどうかは不明です)。

　データマイニングではデータの分析に統計学が用いられていますが，その方法には違いもあります。古典的な統計学では，主に小規模なデータの分析

を目的とした厳密な数学的手法が主流でした。平均値の差を検定する t 検定や分散分析がその代表です。これらの分析方法では，データについて複数の仮定が要求されています。たとえば，データが正規分布という確率分布にしたがっていることや，バラツキ(後述する分散)が等しいとみなせるという制約です。

これに対して，データマイニングの対象となるデータは一般に規模が大きく，かつリアルタイムに更新されていきます。さらに，データが正規分布にしたがうという仮定はほとんどの場合に成立しません。このようなデータを対象に，データをカテゴリーごとに分類したり，データの将来の値を予測したりするのがデータマイニングです。

また，大量のデータに基づく解析結果を，数値ではなく，グラフを多用して分かりやすく表現するのもデータマイニングの特徴です。データマイニングでは，分析手法としてクラスター分析や対応分析などがよく用いられます。これらの手法は，データのどのような側面に着目するかによって，解析結果が異なることがあります。すなわち，一意の結果が得られるわけではありません。その意味で，データマイニングの多くは，データを探索的に調べる手法とも言えます。以下に示すのは，クラスター分析と呼ばれる手法を使って，森鴎外と夏目漱石の文体を分類した結果です。

文体と言っても，ここで使っているのは，文字のバイグラム(bigram)です。バイグラムは第 3 章で説明しますが，2 つの文字の並びです。たとえば，「テキスト」ならば「テ - キ」，「キ - ス」，「ス - ト」と 3 つのペアが，それぞれ 1 回ずつ出現しています。こうした文字のペアを，森鴎外と夏目漱石の合計 8 作品から抽出すると，そのペアは 2 万を超えます。一見無意味そうな情報ですが，実は，文字の並びには書き手の癖が反映されることが知られています。そうは言っても，これだけの情報を人間が直感などで整理し，判断するのは不可能です。そこで，データマイニングの手法を使って，大量のバイグラムの中から，漱石と鴎外を判別する指標を抽出します。クラスター分析という手法を適用した結果が図 1.1 です。グラフの左に漱石，右に鴎外と分離されているのが分かりますが，これはコンピュータが大量のバイグラムの中から有効な情報を使って，2 人の作家の文体を区別するのに成

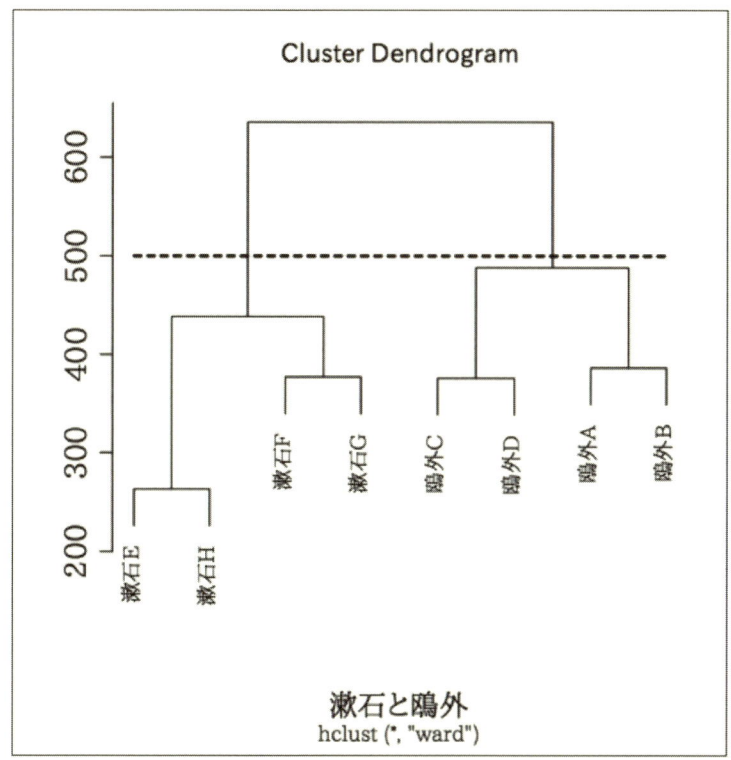

図 1.1　夏目漱石と森鷗外による作品のクラスター分析

功したことを意味します。[1] これについては第 8 章で詳しく解説します。

　ところでデータマイニングでは，多くの場合，数値データを扱います。上で漱石と鷗外の文体を判別するために利用したのは，バイグラムの頻度（整数）でした。また，レジの売上やスーパーの売り場面積，1 日の来客数などです。これに対して，性別などはカテゴリカルデータと言われます。統計学の分野では，因子（factor）とも呼ばれます。性別という因子には，「女」と

---

[1] 本書に掲載するグラフや分析を再現する方法をサポートサイト（で配布しているファイル）で解説しています。詳細は，配布ファイルに含まれる README.txt を参照してください。

「男」の 2 つの水準 (level) があります．この場合，記録されるのは「男」や「女」(あるいはそれぞれを表す記号) であり，数値ではありません．しかしながら，女あるいは男それぞれの人数を集計すれば，数値になります．

　一方，テキストそれ自体は数値データではありません．そこで，テキストに何らかの処理を行って数値データに変えることで，データマイニングの技法を適用することが可能になります．そこで，テキストマイニングと言われるわけです．[2] テキストマイニングという言葉が一般に使われるようになったのはここ数年のことですが，テキストの特徴を表す数値を抽出して分析を行うことはかなり古くから行われており，これらは計量言語学などと言われていました．

2. 計量言語学

　欧米では，文学作品の計量的研究にかなりの歴史があります．本書ですべてを紹介するのは不可能ですが (詳しくは村上 2004 を参照)，一例として「シェークスピア＝ベーコン論争」を紹介しましょう．かつてシェークスピアについては実在の人物かどうかを疑う論調があり，哲学者のフランシス・ベーコンと同一人物ではないかとする議論がありました．これを検証するため，物理学者のメンデルホールは 1901 年に，それぞれのテキストに出現する単語の長さ (文字数) を調べています．単語の長さの平均値を使って書き手を判別するというアイデアは，実は 19 世紀に活躍した数学者のド・モルガンにさかのぼります．メンデルホールはこの方法を発展させ，ワード・スペクトルという方法を使っています．ワード・スペクトルは，簡単に言えば，第 2 章で説明するヒストグラムに相当し，単語文字数の頻度から最頻値を調べ，テキスト間の相違を抽出しようとするものです．この結果からメンデルホールは，シェークスピアとベーコンは別人であるという結論を導き出し

---

[2] テキストマイニングに関する概説書としては，那須川 (2006)，フェルドマン・サンガー (2010)，石田・金 (2012) などがあります．また，データマイニングに関しては，元田ほか (2006) や豊田 (2008) などを参照してください．

また，20 世紀前半の有名な研究成果にジップの法則 (Zipf's law) があります。これは単語の出現頻度と，出現順位との間に相関があることを示した法則です。簡単に記せば，出現順位 r の単語の頻度 f_r には次の式で表される関係があります（詳細は金 2009 を参照）。

$$f_r = \frac{1}{r}$$

図 1.2 は，第 170 回国会における麻生内閣総理大臣の所信表明を単語に分割し，それぞれの頻度を調べたプロットです。x 軸に順位の対数とありますが，これは単語を頻度の大きい順（降順）に並べたときの順位を意味します。また，y 軸は単語頻度の対数です（対数については，3 章末尾の解説を参照してください）。たとえば，一番左上にあるのは，演説の中でもっとも出現回数の多かった助詞の「を」で，172 回利用されていました。上の式で表されるような関係が単純に成り立つようであれば，単語はすべて，図の左上から右下に伸びた線分の上に位置することになります。実際には，かなりのズレが認められるものの，おおまかな傾向を反映しているとは言えます。この関係式は，単語頻度に限らず，ウェブサイトへのアクセス数など，さまざまな頻度データへ応用されています。

一方，日本においては，心理学者の安本美典や国語学者の水谷静夫らが早くからテキストの計量分析を行なってきました（安本 1965，安本 1966，安本・本多 1981，水谷 1982）。

安本 (1965) では，日本語の文の長さ（単語数）に適合する確率分布の検討が行われています。確率分布とは，ある現象が起こる可能性を数学的に表現する概念です。もっとも単純なのはコインを投げて表が出る確率です。表と裏のいずれかが出現するわけですが，その確率は半々，つまり 1/2 です。コインの表が出る確率が 1/2 のとき，コインを 10 回投げたら，何回表が出るでしょうか。候補は 0 回から 10 回までです。直感的には 5 回と思われますが，実際に試してみると，表が 4 回出たり，6 回出たりすることもあるでしょう。ただし，表が 1 回だけしか出ないとか，あるいは 10 回連続して出

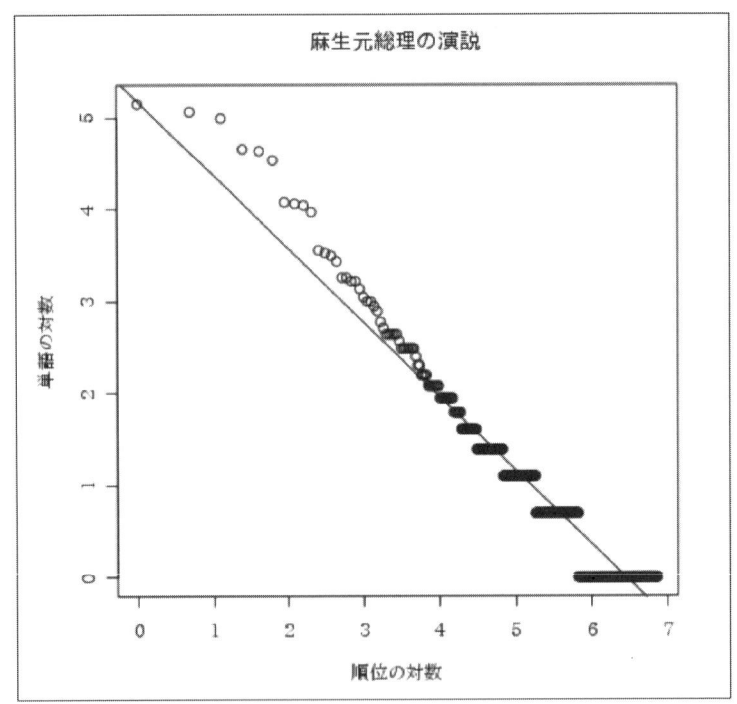

図 1.2 麻生元総理の所信表明演説の語彙とその順位

るということはなさそうです。せいぜい4回か，5回，あるいは6回といったところでしょうか。逆に言うと，1/2の確率で表が出るコインであれば，10回投げて表が出る回数は，5回前後と予想がつくわけです。このようなとき，コインを10回投げて表の出る回数は5回を中心に分布すると言います。このように，ある現象が起こる分布を表すのに確率の知識を使うのが，確率分布です。

　安本が文の長さに適用しようとしているのは，正規分布という確率分布です。これは，試験の分布(平均点以下の人数や平均点以上の人数)を表現するのに使われる確率分布です。安本は，多数の文を取り出して文中の単語数の平均を求めると，文ごとに散らばりはあるものの，文中の単語数の分布が一定の法則にしたがっていることを示そうとしています。この法則が正規分布

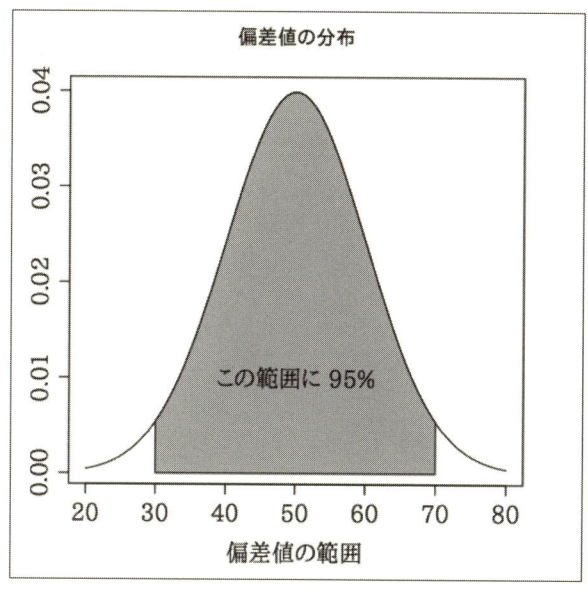

図 1.3　確率分布の例

という確率分布に相当します。

　因みに，正規分布では，平均値と標準偏差という数値で分布が決まります。標準偏差とは，全体の平均値と個別データの差を表す指標です。計算としては，個別のデータから平均を引いた値を自乗して合算し，これをデータ数で割って求める数値です。たとえば，受験で使われる偏差値では，平均は50で標準偏差は10です。偏差値は，図1.3で表されます。

　偏差値の平均値が50で標準偏差が10の正規分布で表現される場合，偏差値が40から60の範囲に受験生の68パーセントが，もう少し幅を広げると，偏差値が30から70の範囲に受験生の95パーセントが含まれると想定することができます。

　これらの研究者たちの時代は，そもそもコンピュータも普及しておらず，手作業で文字や頻度を数えるのが基本でした。これは非常に煩雑な作業でした。一方，現在ではコーパスと言われる電子化されたテキストが整備され，誰でも利用できるような状況になっています。さらに，インターネット上に

は，多数の言語資料を見出すことができます．利用できるテキストデータの規模も非常に大きくなっています．

3. コーパス

ここでコーパスについて簡単に説明します．コーパスは，書き言葉あるいは話し言葉を，ジャンルなどを勘案して網羅的に収めたデータベースです．たとえば，「現代日本語書き言葉均衡コーパス」(BCCWJ, Balanced Corpus of Contemporary Written Japanese) は国立国語研究所によって整備されたコーパスで，書籍，雑誌，新聞，白書，教科書，議事録など，幅広いジャンルの書き言葉を網羅しています．[3] このコーパスはサイト上で利用することができますが，利用申請を行えば有料で DVD を取得することもできます．

また，「青空文庫」[4] では，著作権の切れた日本語作家の小説や翻訳などが公開されており，個別にテキストをダウンロードして利用することができます．コーパスの多くは，テキストをそのまま電子的に入力したものですが，メタ情報が含まれていることがあります．たとえば，青空文庫が公開しているファイルには，最初と最後にテキストに関する情報 (底本，初出年など) が記録されているだけでなく，難読漢字などにルビが振られています．コーパスを利用する前には，こうした情報を削除しておく必要があります．青空文庫で公開されているテキストからルビなどの情報を取るソフトウェアは，多数公開されています．本書のサポートサイトには，R を使ってルビを削除するプログラムを用意していますので，こちらも利用してみてください．

一方，テキスト本文に品詞などの情報を付与したコーパスもあります．一般にタグ付きコーパスなどと呼ばれます．タグ付きコーパスには解析済みブログコーパス[5]があります．このコーパスでは，たとえば，「結局このよう

---

[3] http://www.ninjal.ac.jp/corpus_center/bccwj/

[4] http://www.aozora.gr.jp/

[5] http://nlp.ist.i.kyoto-u.ac.jp/kuntt/

な結論に落ち着きました。」という文が以下のように記録されています(一部割愛しています)。

```
# S-ID:KN001_Keitai_1-1-11-01
* 3D <BGH:結局/けっきょく><文頭><副詞><修飾><係:連用><区切:0-4> <RID:1393><連用要素><正規化代表表記:結局/けっきょく>結局 けっきょく 結局 副詞 8 * 0 * 0 * 0
"代表表記:結局/けっきょく"
<代表表記:結局/けっきょく><正規化代表表記:結局/けっきょく> <文頭><漢字><かな漢字><自立><内容語><意味有><タグ単位始><文節始><文節主辞>
* 2D <連体修飾><連体詞形態指示詞><係:連体><区切:0-4> <RID:1483><正規化代表表記:このような/このような>このような このような このような 指示詞 7 連体詞形態指示詞 2 * 0 * 0
"代表表記:このような/このような"
<代表表記:このような/このような><正規化代表表記:このような/このような> <かな漢字><ひらがな><自立><内容語><意味有><タグ単位始><文節始><文節主辞>
```

<>という記号の中に品詞や読みの情報が加えられています。これをタグと言い,HTMLファイルやXMLファイルで広く利用されているフォーマット形式です。タグ付きのテキストに対して,タグ情報の加えられていないテキストを平文テキストということがあります。タグ付きコーパスでは,テキストがすでに単語(形態素)単位に分割されており,読みや品詞だけでなく,係り受け構造などの情報が加えられています。最初に言及したBCCWJでも一部にタグ付きのコーパスが含まれています。ただし,上の例からも分かるように,人間が目視で情報を抽出するのは困難であり,専用のソフトウェアを使うか,あるいは自身でタグの検索や抽出を行うプログラムを作成する必要があります。

本書では,タグ付きコーパスについては説明しません。平文のテキストを

単語(形態素)に解析し，頻度データとしてデータマイニングの対象とする手順について説明します。

4. 形態素解析

　形態素解析とは，日本語のような言語を単語単位に分割することです。多くの場合，分割された形態素の品詞情報などを加えることをともないます。
　日本語の文章を形態素に分割することは，実際にやってみると非常に難しいことが分かります。たとえば，次の文章を見てください。

> 今日郵便局で年賀はがきを買いました。

　この文章を後で紹介する MeCab という形態素解析器にかけると，以下の結果が得られます。

```
今日    名詞, 副詞可能,*,*,*,*, 今日, キョウ, キョー
郵便    名詞, 一般,*,*,*,*, 郵便, ユウビン, ユービン
局      名詞, 接尾, 一般,*,*,*, 局, キョク, キョク
で      助詞, 格助詞, 一般,*,*,*, で, デ, デ
年賀    名詞, 一般,*,*,*,*, 年賀, ネンガ, ネンガ
はがき  名詞, 一般,*,*,*,*, はがき, ハガキ, ハガキ
を      助詞, 格助詞, 一般,*,*,*, を, ヲ, ヲ
買い    動詞, 自立,*,*, 五段・ワ行促音便, 連用形, 買う, カ
        イ, カイ
まし    助動詞,*,*,*, 特殊・マス, 連用形, ます, マシ, マシ
た      助動詞,*,*,*, 特殊・タ, 基本形, た, タ, タ
。      記号, 句点,*,*,*,*, 。, 。, 。
EOS
```

　ここで「郵便局」が「郵便」と「局」の2つに分割されていますが，読

者の中には1語ではないかと感じる方もおられるでしょう。「年賀はがき」が1語かどうかについても意見が分かれるかも知れません。形態素は「最小の意味の単位」と定義されます。その意味では，「局」は独立した形態素と考えられるかも知れません。

いずれにせよ，形態素への分割では一意に定まる結果が得られるわけではありません。また1つ1つの文章を手作業で形態素に分割するのは，手間も時間もかかる上，作業担当者の主観にも左右されるので，分割結果に揺れが生じます。

そのため，大量のテキストデータから形態素情報を取り出そうとする場合，コンピュータ上で形態素解析器を利用して一括処理するのが現実的な選択です。その際，解析結果を調整したり，あるいは解析する前に形態素解析器用のユーザー辞書を整備することによって，分析者の言語観に近い結果を得ることも可能です。ここで，形態素解析器として Juman と ChaSen, MeCab を紹介します。

Juman[6] は京都大学で開発された形態素解析器です。サイトからダウンロードして利用することができます。本書執筆時のバージョンは7.0でした。

インストールするには，ダウンロードしたファイルをダブルクリックして，あとはデフォルトの設定のまま「次へ」と進みます。実際に利用してみましょう。「アクセサリ」から「コマンドプロンプト」を起動し，次のように入力して Enter キーを押します（大なり記号 > より右の部分だけを入力してください）。

```
C:¥Users¥ユーザー名 > C:¥Program Files¥juman¥juman.exe
```

Juman がユーザーの入力を待つ状態になります。ここで日本語を入力するには Alt キーを押しながら「半角／全角」キーを押します。「今日郵便局で

---

[6] http://nlp.ist.i.kyoto-u.ac.jp/index.php?JUMAN　なお，64 bit Windows ユーザーは 64 bit 版 Juman を，また 32 bit Windows ユーザーは 32 bit 版をダウンロードしてください。

年賀はがきを買いました。」と入力してみます。続いて Enter キーを押すと，次のような結果が得られます。

```
今日郵便局で年賀はがきを買いました。
今日    きょう 今日 名詞 6 時相名詞 10 * 0 * 0 "代表表記：
        今日/きょう カテゴリ：時間"
郵便    ゆうびん 郵便 名詞 6 普通名詞 1 * 0 * 0 "代表表記：
        郵便/ゆうびん カテゴリ：抽象物 ドメイン：家庭・暮らし"
局      きょく 局 名詞 6 普通名詞 1 * 0 * 0 "代表表記：局/
        きょく 漢字読み：音 組織名末尾 カテゴリ：組織・団体；
        場所-施設部位"
で      で で 助詞 9 格助詞 1 * 0 * 0 NIL
年賀    ねんが 年賀 名詞 6 普通名詞 1 * 0 * 0 "代表表記：年
        賀/ねんが カテゴリ：抽象物
        ドメイン：家庭・暮らし"
はがき  はがき はがき 名詞 6 普通名詞 1 * 0 * 0 "代表表記：
        葉書き/はがき カテゴリ：人工物-その他 ドメイン：家
        庭・暮らし"
を      を を 助詞 9 格助詞 1 * 0 * 0 NIL
買い    かい 買う 動詞 2 * 0 子音動詞ワ行 12 基本連用形 8 "
        代表表記：買う/かう ドメイン：家庭・暮らし；ビジネス
        反義：動詞：売る/うる"
ました  ました ます 接尾辞 14 動詞性接尾辞 7 動詞性接尾辞ます
        型 31 夕形 7 "代表表記：ます/ます"
。      。 。 特殊 1 句点 1 * 0 * 0 NIL
EOS
```

このように形態素ごとに改行した結果が出力されます (Juman の操作をやめる場合は，Ctrl キーを押しながら z を押してから Enter キーを押します)。左から，「表層形」，「読み」，「原型」，「品詞」，「品詞細分類」，「意味情報」

が表示されています．先に MeCab の出力を紹介しましたが，大きな違いは意味情報が加えられていることです．また，MeCab では「(買い)ました」が「ます」と「た」の2つ形態素として解析されていましたが，Juman では1つにまとめられています．

解析結果に差が出るのは，形態素解析器の設計の違いだけではなく，依拠している辞書にもよります．Juman には Juman 辞書[7]が含まれています．これは，益岡・田窪文法に依拠しており，いわゆる学校文法(橋本文法)とは異なります．後者は古典文法との連続性という視点が貫かれているのに対して，前者は現代日本語を中心に考察された文法です．

MeCab[8] は工藤拓氏が開発した解析器です．Juman と同じようにコマンドプロンプトから起動して，日本語を解析することもできますが，本書では後述する **RMeCab** パッケージから利用しますので，コマンドプロンプトでの利用方法は説明しません．

なお，Windows 版 MeCab には IPA 辞書[9]が含まれています．IPA 辞書は学校文法に依拠して作成されています．また，Juman 辞書や UniDic 辞書も利用可能です．後者は，前に紹介した BCCWJ コーパスに基づいて構築された辞書です．

茶筌(ChaSen)[10] は，奈良先端科学技術大学院で開発された形態素解析器です．ここでは Windows 版 WinCha を利用してみます．サイト[11]の左メニューに「茶筌の配布」というリンクがあります．クリックすると WinChaとして cha21244sp5.exe のリンクがありますので，ダウンロードしてダブルクリックでインストールします．WinCha をインストールすると，スタートメニューから「茶筌 version2.1」，「WinCha」とたどって起動することがで

---

[7] 詳細は http://www.unixuser.org/~euske/doc/postag/index.html を参照してください．
[8] 本書執筆時のバージョンは 0.996 でした．Windows 版はダウンロードしてダブルクリックするだけで利用可能です．
[9] IPA 辞書については，http://chasen.naist.jp/snapshot/ipadic/ipadic/doc/ipadic-ja.pdf を参照してください．
[10] http://chasen-legacy.sourceforge.jp/
[11] http://chasen.naist.jp/hiki/ChaSen/

図 1.4 WinCha

きます。

　WinCha は，GUI 画面を使ってマウスで操作することができます。画面上のテキスト欄に入力した文章を，左のボタンを押すことで形態素に解析できます。結果は下のテキスト欄に表示されます（後述のように，ファイルを指定して解析することもできます）。解析を実行する際，中央にあるオプションにチェックを入れることで出力を調整できます。上の実行画面では，すべてのオプションにチェックを入れています。

　茶筌の辞書システムは MeCab でも利用されている IPA 辞書体系ですので，出力も同じになります。

5. 構文解析

　形態素解析器を利用することで日本語の文章を形態素に分割することが可能になりました。一方，文章を句に分けて，その係り受け関係を分析することで，文の主語や修飾関係を機械的に判断する技術があります。これを構文解析，あるいは係り受け解析と呼びます。

　たとえば，KNP[12] という解析器を Juman と組み合わせると，文節への分割と係り受け判定を実行することができます。[13]

　他に，MeCab を開発した工藤拓氏による CaBoCha[14] が公開されています。以下，CaBoCha について紹介します。Windows 版の場合，ダウンロードしたファイルをダブルクリックして，指示通りに進むだけでインストールは完了します。

　CaBoCha を実行してみます。コマンドプロンプトを起動して，以下のように入力して Enter キーを押します（ここでも大なり記号 > の右の部分を入力してください）。

```
C:¥Users¥ユーザー名 > C:¥Program Files
(x86)¥CaBoCha¥bin¥cabocha.exe -f2
```

　Alt キーと「半角／全角」キーを同時に押して日本語を入力できる状態にします。ここでは少し複雑な文章を解析してみます。入力後，Enter キーを押すと，以下のような結果が得られます（紙面の都合で，実際の出力の書式と若干異なっています）。

---

[12] http://nlp.ist.i.kyoto-u.ac.jp/index.php?KNP
[13] http://nlp.ist.i.kyoto-u.ac.jp/DLcounter/lime.cgi?down=http://nlp.ist.i.kyoto-u.ac.jp/nl-resource/knp/20090930-juman-knp.ppt を参照。
[14] http://code.google.com/p/cabocha/　なお，本書執筆時のバージョンは 0.66 でした。

太郎はこの本を二郎を見た女性に渡した。
```
<PERSON> 太郎 </PERSON> は-----------D
            この-D        |
            本を---D       |
            二郎を-D       |
            見た-D         |
            女性に    -D
            渡した．
EOS
* 0 6D 0/1 2.909358
太郎  名詞,固有名詞,人名,名,*,*,太郎,タロウ,タロー      B-PERSON
は    助詞,係助詞,*,*,*,*,は,ハ,ワ   O
* 1 2D 0/0 1.257926
この  連体詞,*,*,*,*,*,この,コノ,コノ   O
* 2 4D 0/1 0.638994
本    名詞,一般,*,*,*,*,本,ホン,ホン   O
を    助詞,格助詞,一般,*,*,*,を,ヲ,ヲ   O
* 3 4D 1/2 1.696047
二    名詞,数,*,*,*,*,二,ニ,ニ   O
郎    名詞,一般,*,*,*,*,郎,ロウ,ロー   O
を    助詞,格助詞,一般,*,*,*,を,ヲ,ヲ   O
* 4 5D 0/1 0.000000
見    動詞,自立,*,*,一段,連用形,見る,ミ,ミ
た    助動詞,*,*,*,特殊・タ,基本形,た,タ,タ
* 5 6D 0/1 0.000000
女性  名詞,一般,*,*,*,*,女性,ジョセイ,ジョセイ
に    助詞,格助詞,一般,*,*,*,に,ニ,ニ   O
* 6 -1D 0/1 0.000000
```

```
渡し  動詞,自立,*,*,五段・サ行,連用形,渡す,ワタシ,ワタシ
た  助動詞,*,*,*,特殊・タ,基本形,た,タ,タ
。  記号,句点,*,*,*,*,。,。,。
EOS
```

　最初に樹木を枝分かれさせたかのような出力があります。これは次のように解釈します。まず，「太郎は」，「女性に」という句は，それぞれ最後の「渡した」に係っています。また，「この」は「本を」に，「二郎を」は「見た」，「見た」は「女性に」へ係ります。続く出力では，行頭のアスタリスクで句に分けられ，それぞれに通し番号が振られています。「太郎は」という句は0番です。その右に6Dとあるのは，「太郎は」が番号6の句「渡した」に係ることを意味しています。また，句を構成する形態素ごとに品詞情報が加えられていることが分かります。

　文章を構文解析することによって，その文章の主語などを機械的に抽出することが可能になります。

6. 意味解析

　形態素解析器の多くは，辞書と文脈情報によって文章を形態素に切り分けます。この際，意味の情報は使われていません。たとえば，「犬」，「いぬ」，「イヌ」は，いずれも同じ意味になります。したがって，独立した形態素として別に集計するよりは，合算するべきと考えられます。また，同義語や類義語の扱いも問題となります。「学生」と「大学生」は，どちらかにまとめて集計するべきかも知れません。

　現状では，同一の事象を指示すると考えられる形態素をまとめて集計する作業は，解析後にユーザーが手作業で行うか，あるいは，あらかじめ形態素解析器にユーザー辞書を追加することで対応することになります。[15]

---

[15] JumanあるいはMeCabでユーザー辞書を作成する方法は，それぞれのサイトに詳しい説明がありますので，それらを参照してください。

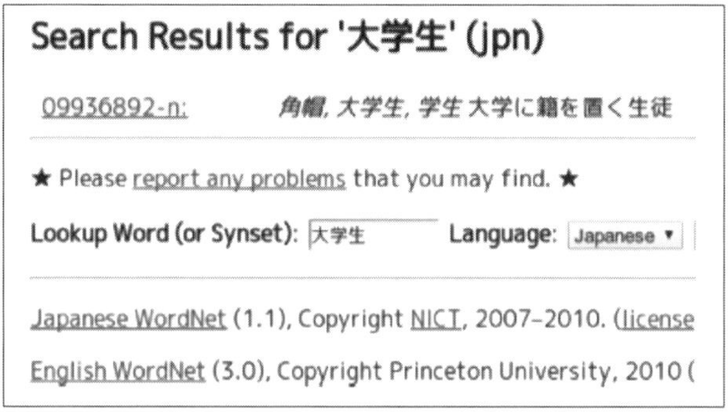

図 1.5　日本語 WordNet

　ただ，手作業やユーザー辞書で処理を行う場合は，どうしても主観に左右されることになります．これを避ける方法の 1 つとして，日本語 WordNet[16] を利用することが考えられます．WordNet は英語圏で広く利用されている意味辞書です．WordNet では，単語ごとに簡単な定義が与えられ，同義語のグループ（synset）に分類されています．日本語 WordNet は英語の WordNet に対応させる方法で構築されている意味辞書です．サイトにアクセスして，左フレームにある「WordNet 検索」で「大学生」と入力してみると，図 1.5 のような結果が得られます．

　もちろん，単語を 1 つ 1 つ検索して利用するのは現実的ではありません．日本語 WordNet では sqlite 形式のデータベースをダウンロードして利用することができます．sqlite とは，インストールが不要で，実行ファイルを適当なフォルダに置くだけで利用できるフリーのデータベースです．また，sqlite は R から利用することができます．データベースのクエリ（検索命令）に関する知識が必要になりますが，R から日本語 WordNet を検索し，その結果に基づいて形態素の統合を自動で行うことも不可能ではありません．

　形態素の出力から同義あるいは類似する語句を判断する作業は，主観に左右される部分が非常に大きいので，日本語 WordNet のようなシソーラスに準拠することが重要になります．

---

[16] http://nlpwww.nict.go.jp/wn-ja/

7. 日本語・日本文学研究におけるテキストマイニング

　先にも述べましたが，テキストマイニングという言葉が普及する以前から，日本語の計量的な研究は行われていました。しかしながら，当時はコーパスも少なく，研究者は手作業でのテキストデータ整備を強いられました。そのため，データ規模は小さなものでした。また，データ分析に利用可能な方法も限定されていました。当時のパーソナルコンピュータで高度な解析技法を実行するのは不可能であり，フレームワークと呼ばれる大型の汎用コンピュータを時間単位で借りて，研究者自身が作成した解析プログラムを実行することが行われていました。

　しかしながら，1990年代後半になると，パーソナルコンピュータの能力が飛躍的に向上し，コンピュータを利用したテキスト解析への関心の高まりを受け，コーパスの整備が進むようになってきました。日本語に限ると，金明哲や村上征勝などによる一連の研究（金・村上 2003，金 2009，村上 2004）が，日本語・日本文学研究分野におけるテキストマイニングへの関心を高めるのに大いに貢献しました。また，金，村上の専門は統計科学であり，分析手順や手法が従来の日本語学・日本文学にはなかったことも非常に魅力的なものでした。

　彼らによる日本語テキストマイニング研究のもっとも有名な成果の1つとして，読点の使い分けに個人の文体的特徴が認められることを示したことがあげられます（金・樺島・村上 1993）。たとえば，井上靖，中島敦，三島由紀夫らの作品について，読点（,）とその直前の1文字の組み合わせ（バイグラム）の頻度を調べると，井上は「と，」の割合が高く，中島は「し，」が，また三島では「に，」や「を，」の頻度が多いことが報告されています。

　当時，彼らの分析が斬新であったのは，読点（と文字の組み合わせ）を数えるという発想だけでなく，そのデータに多変量解析という統計的手法を適用したことです。変量とは変数のことで，データ分析ではある項目の測定値を意味します。いまの事例では，各作家の「と，」の頻度が変量あるいは変数になります。仮に「と，」「は，」の2つの頻度に着目するならば2変量，あるいは2変数ということになります。

金や村上の分析では，30近くの変数が分析に利用されています。このように変数が多数になると，単純にそれぞれの平均値を比較するだけで，データ全体の傾向を把握するのは困難です。このような場合，多変量解析と言われる統計的手法が利用されます。これらは，データマイニング分野でも多用されています。

　金や村上の分析では，主成分分析やコレスポンデンス分析という手法が用いられています。これは，多数の変数を少数の合成変数に圧縮する手法です。これらの分析では，元の変数を2つの変数に圧縮し，それらを用いて，2次元の散布図に描くことが行われます(本書の第5章を参照)。圧縮によって生成された変数は，元データそのものを表現しているわけではありません。圧縮することで一部の情報は欠け落ちますが，元データの情報の多くを残しています(これを寄与率という値で確認することができます)。

　そのような研究にならって，漱石と鴎外の「助詞と読点」のペアを使って主成分分析を実行した結果を示します。詳細は省略しますが，8つの変数を2つにまで圧縮し，それぞれをx軸とy軸に取ったのが図1.6です。

　左下に鴎外の作品が，また右上には漱石の作品がプロットされており，2人の作家が分離されていることが分かります。矢印は，元データである助詞と読点の大きさを表しており，たとえば，「と -，」の矢印は漱石の方に向いていることから，漱石に多いことが分かります。このように，日本語・日本文学分野においてテキストマイニングの手法を導入する目的は，分類やクラスタリング，予測を行うことにあります。たとえば，新たに小説が発見され，その作者が鴎外と漱石のどちらかと想定される場合，主成分分析の結果を利用すれば，その作者を判定することができます。このように，分類を既知のテキストデータを使った分析結果から行うのが予測です。

　一方，クラスタリングは分類に近い課題ですが，たとえば，テキストの集合から共通の特徴をいくつか見つけ出し，これらに基づいてグループ分けをします(本書の第8章を参照)。

　要約すると，テキストマイニングでは，まずテキストを形態素に分割して集計し，その集計結果にデータマイニングの手法を適用します。そこで，形態素解析とデータマイニングを行うためのツールが必要となります。次章で

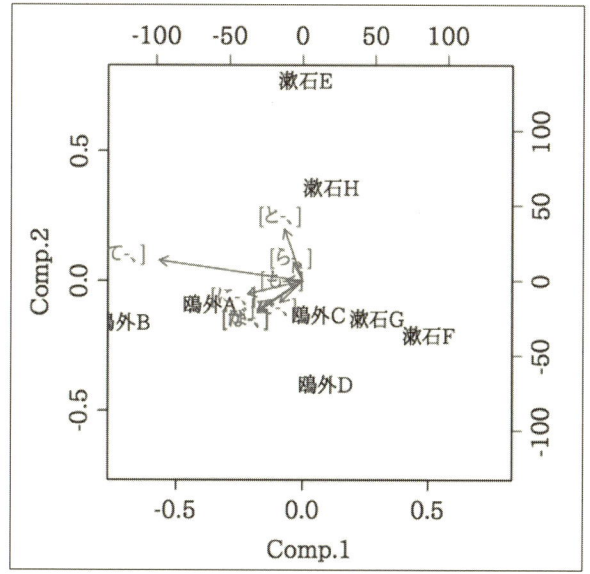

図 1.6 夏目漱石と森鴎外による作品の主成分分析

は，データマイニングのツールとしてRを紹介します。続いて，形態素解析器の利用について解説します。

【用語解説】文字コード
　日本語テキストの解析に入る前に，文字コードについて説明します。文字コードとは，コンピュータ内部で英語や日本語の文字と数値を表示する方法のことです。現在，日本語OSがインストールされたコンピュータには，大きく2つの文字コードがあります。1つは日本語Windowsで利用されている文字コードであるCP932です。これは一般にはShift-JISと呼ばれています。これに対して，MacやLinuxではUTF-8というコードが使われています。すなわち，WindowsとMacでは，コンピュータ内部で日本語を処理する方法が異なるのです。これが文字化けの原因になります。

一般に，Windows で作成した文書を Mac で開くと（あるいはその逆をすると），テキストは文字化けします。ソフトによっては自動的に変換してくれる場合もありますが，うまく変換してくれないこともあり，トラブルのもとになります。テキストマイニングを実行する場合，扱っているファイルの文字コードには常に注意を払ってください。

第2章
Rと基本統計量

> 本章では，Rのインストールと基本操作，基本統計量とデータの視覚化について学びます。

1. はじめに

　本書では，テキストマイニングを実現するソフトウェアとしてR[1]を利用します。Rは，多様なデータ解析手法とグラフィックス作成機能を備えたフリーのソフトウェアです。また，拡張性に優れており，ユーザー独自の機能をパッケージとして追加することが容易です。CRAN[2]というサイトには，世界中のRユーザーが作成したパッケージが公開されており，誰でも自由に利用することができます。

　本章では，Rのインストールから基本操作，さらにはデータ処理の基礎について学びます。

2. インストール

　まずはRをダウンロードします。CRANにアクセスすると，左上に「Mirrors」と書かれたリンクがあります。ネットワークの負荷を減らすた

---

[1] http://www.r-project.org/
[2] http://cran.r-project.org/

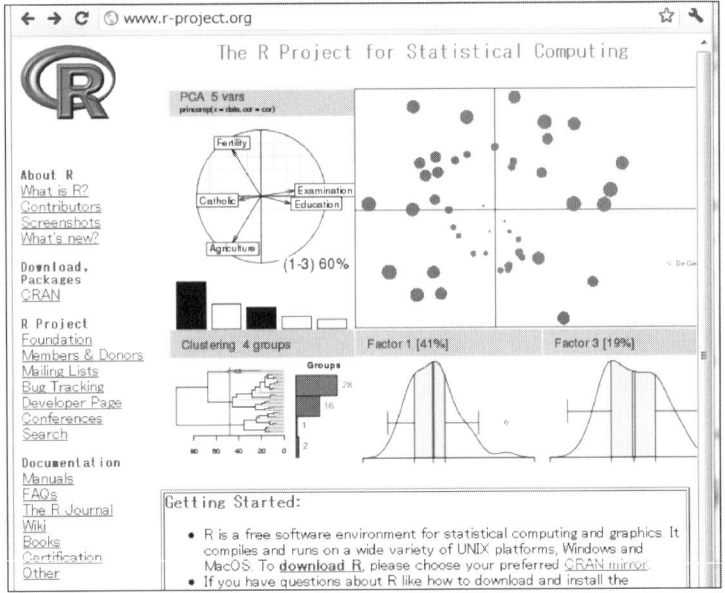

図2.1 Rのウェブサイト

め,メインサイトと同じファイルを用意したサイトが世界各地にあるのです。2013年現在,日本では以下の3箇所が利用可能です。

- http://essrc.hyogo-u.ac.jp/cran/ （Hyogo University of Teacher Education）
- http://cran.md.tsukuba.ac.jp/ （University of Tsukuba）
- http://cran.ism.ac.jp/ （Institute of Statistical Mathematics, Tokyo）

いずれかのミラーにアクセスすると,ページ上に「Download and Install R」とあります。Rは,OSごとに3つのインストールファイルが用意されています。ここでは,Windows版Rを例にインストール方法を説明します。

まず,「Download R for Windows」をクリックしましょう。すると,「R for Windows」というページが表示されますので,一番上の「base」をクリックします。なお,執筆時点でのバージョンはR 3.0.0でした。

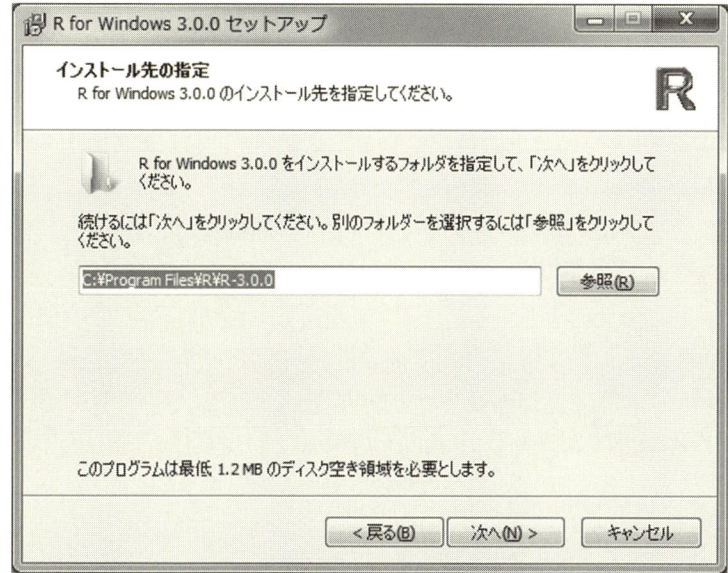

図 2.2　R のインストール画面

　ダウンロードされたファイルをダブルクリックすることで，インストールが始まります．本書では，デフォルトの設定のまま「次へ」を押していくことを推奨します．途中，ダイアログで確認をうながされることが数回ありますが，そのまま「次へ」進みます．
　インストールが完了すると，デスクトップ上に R の青いアイコンが表示されているはずです．OS が 64 bit である場合は，2 種類のアイコンが表示されています．それぞれ 32 bit 版 R と 64 bit 版 R です．どちらを使っても問題ありませんが，CRAN に登録されている追加パッケージの中には，64 bit 版 R では動作しないものもあります．本書では，基本的に 64 bit 版を使って説明しますが，32 bit 版でも問題はありません．なお，R を拡張する補助ソフトウェアとして，RStudio[3] があります．興味のある方は，石田(2012b) を参照してください．

3　http://www.rstudio.com/

3. Rの基本操作

それでは，実際にRを利用してみましょう。デスクトップ上のアイコン（R i386 か R x64）をダブルクリックして起動します。すると，左上に「RGui」と表記されたウィンドウの中に，「R Console」というウィンドウが表示されている状態になります。

このコンソールと呼ばれるウィンドウに命令を入力してEnterを押すと，命令に対する応答が表示されます。試しに，コンソール上で > の右にgetwd() と入力して，Enterキーを押してみましょう。なお，#記号はコメントの開始を表す記号です。#より右に書かれた内容は無視されますので，自分で以下のコードを試してみる場合は省いて構いません。[4]

```
> getwd() # 作業フォルダの確認
[1] "C:/Users/ユーザー名/Documents"
```

これは，Windows 7で実行した結果です。getwd は "get working directory" の略で，現在の作業フォルダを表示します。標準では，ユーザーのホームフォルダが設定されています。

Rで操作を行うと，あとで説明するオブジェクトというデータが作成されます。なお，Rを起動してから終了するまでをセッションと言います。セッション中に生成されたオブジェクトは保存して，次回の起動時に読み込むことも可能ですが，この保存先がgetwd() の表示するフォルダです。また，画像などを作成した場合に保存される場所も，このフォルダとなります。この状態でRを終了する（ウィンドウ右上の「×」をクリックするか，メニューの「ファイル」から「終了」を選ぶ）と，「作業スペースを保存しますか？」と尋ねられます。ここで「はい」を選ぶと，作業フォルダに

---

[4] なお，サポートサイトからダウンロードできる付録ファイル hituzi.zip に収録したスクリプトでは，コードに補足的解説を追加していますので，ぜひ参照してください。

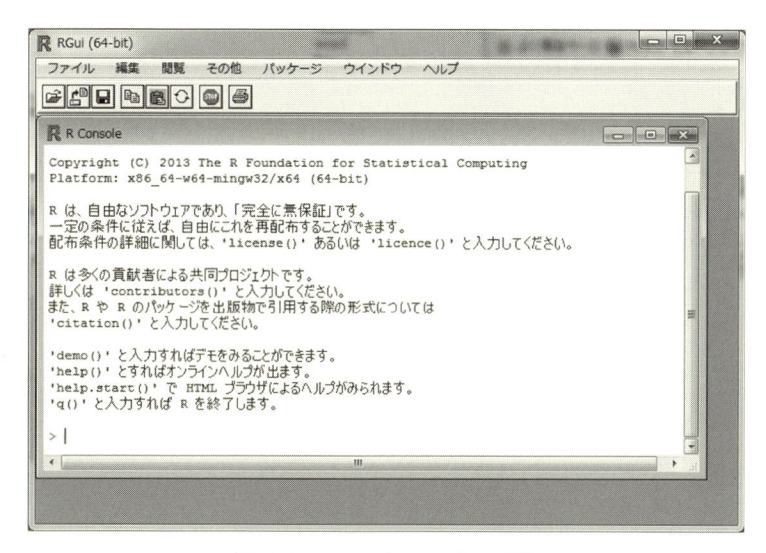

図 2.3　RGui (64-bit) の画面

「.RData」というファイルが保存されます。このファイルの中には，Rの作業中に作成したオブジェクトがまとめて保存されています。

次回Rを起動すると，このファイルが自動的に読み込まれ，前回のオブジェクトが再現されます。ただし，本書では作業スペースの保存は推奨しません。テキストマイニングでは，さまざまなテキストから単語を取り出し，頻度を記録した行列を作成することが多くあります。これらの行列は意外に大きなデータとなり，コンピュータのメモリを圧迫します。本書では，作業スペースを保存せず（「いいえ」を選び），あとで説明するように，スクリプトというファイルに命令を書き込んで保存することとします。

作業フォルダを変更するには，3つの方法があります。セッション中であれば，setwd() を使って変更できます。

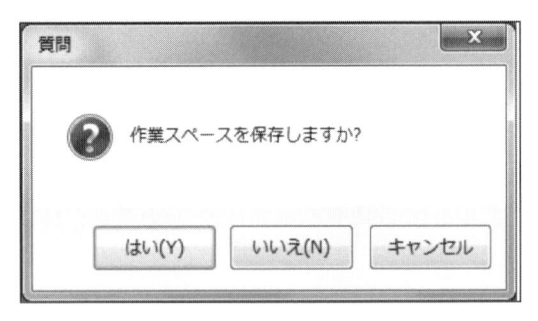

図 2.4 Rの終了

```
> setwd("D:/data")  # 作業フォルダの変更
```

これは，作業フォルダを D ドライブの data フォルダに変更するという意味です．ただし，この方法はセッション中のみ有効です．一度 R を終了して再び起動すると，デフォルトの作業フォルダに戻ってしまいます．デフォルトの設定を変更したい場合は，Windows 版であれば，R のアイコンを右クリックして「プロパティ」を表示させます．その「作業フォルダ」という項目にある "C:/Users/ユーザー名/Documents" を，たとえば "D:/data" などと変更します．

3 つ目の方法は，少し難しいかも知れません．それは，ユーザーのホームフォルダにドットで始まる「.Rprofile」というファイルを作成し，この中に setwd("D:/data") と書いておくことです（詳細は，本書のサポートサイトで公開している zip ファイルに含まれる dot.Rprofile.txt を参照してください）．

少し前置きが長くなりましたが，実際に R を操作してみます．R の操作の基本は，R Console と呼ばれるウィンドウに命令を入力して，Enter キーを押すことです．実行すると，次の行に結果が表示されます．

```
> 1 + 2
[1] 3
```

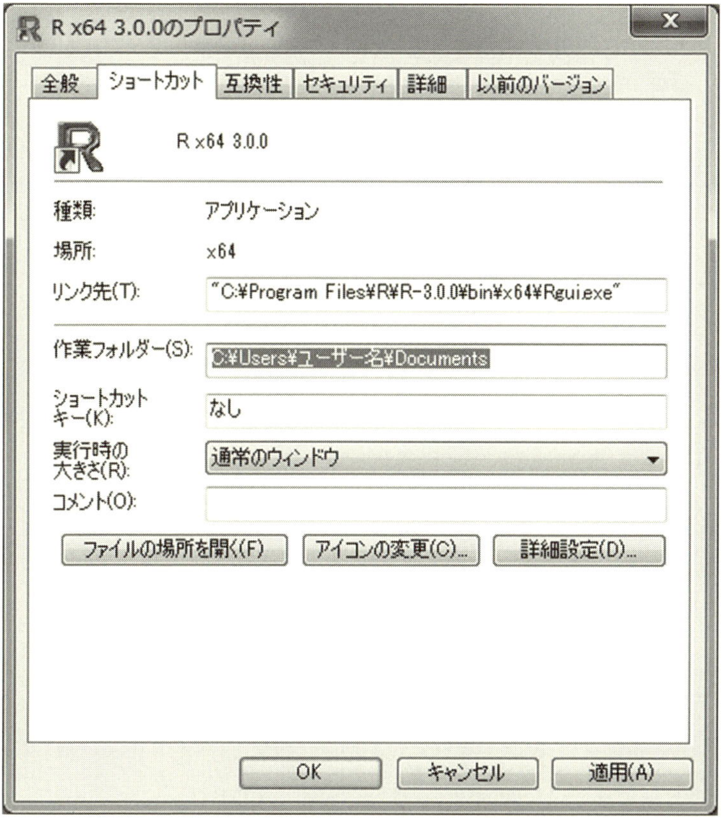

図2.5　Rのプロパティ画面

　当然，計算結果は3になります。なお，行頭にある[1]は，結果の出力冒頭の番号を表します。Rでは，出力が数行にわたることも珍しくありません。Rは改行のたびに，その行の先頭の要素番号を表示します。
　ただ，R Console 画面に入力した内容はRを終了すると消えてしまいます。そこでファイルを用意して記録します。Rではメニューの「ファイル」から「新しいスクリプト」を選ぶと，新しいウィンドウが表示されます。左上に「無題 - R エディタ」と表示されたファイルですが，ここにRの命令を書き込みます。たとえば，1 + 2 という命令を書いた後，この行の上で

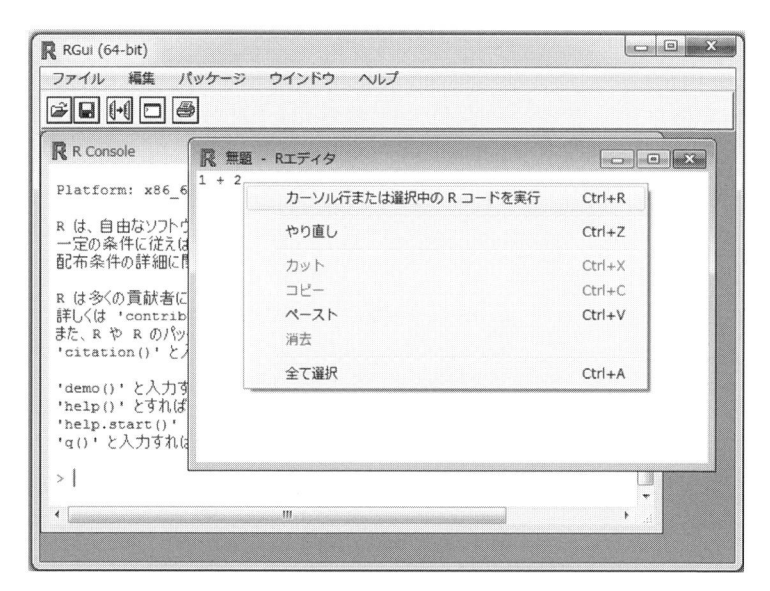

図 2.6　R エディタにおける命令の実行

右クリックします。図 2.6 のように，ポップアップウィンドウが現れるので，その一番上にある「カーソル行または選択中の R コードを実行 Ctrl+R」を選択します。すると，その行の命令が R Console にコピーされると同時に実行され，結果が表示されます。R の命令を書いたファイルをスクリプトファイル，あるいは単にスクリプトと呼びます。スクリプトを保存する際はファイル名の最後に拡張子として「.R」をつけておきましょう。たとえば，test.R とします。

　ここからは，test.R に命令を記述しては実行し，コンソールでの出力を確認するという作業を繰り返します。

4. プログラミング言語としてのR

スクリプトファイルに記述するRへの命令は，コードと呼ばれることがあります。コードとは，プログラミング言語で書かれた命令のことです。Rは，データ分析やグラフィックス作成に特化したプログラミング言語です。プログラミング言語は，コンピュータに命令を指示するための文法と語彙を備えています。この文法や語彙は多くのプログラミング言語で共通なので，Rを習得できれば，他のプログラミング言語を習得する近道にもなるでしょう。ここでは，R言語の基礎を学びます。

まずデータを登録しますが，その際名前を付けます。因みに，Rは，シャープ記号(#)より右に書いた内容を無視します。これを利用して，#の右側に命令の意味や注釈を書くことが多いです。

```
> x <- 1 # 数値の代入
> y <- "1" # 文字列の代入
> x + 1
[1] 2
> y + 1
Error in y + 1 : 二項演算子の引数が数値ではありません
```

ここでは，数値の1にxという名前を付け(x <- 1)，文字の1にyという名前を付けています(y <- "1")。<- という記号は，右の値に左の名前を付けることを意味しています。この操作を代入と言います。コンピュータ内部では，数値と文字を区別します。上の実行例では，xに1を足すコードは期待通り2と表示されますが，yに1を足そうとするとエラーになります。yは文字であり，数値計算の対象にならないからです。また，プログラミング言語で文字を扱う場合には，引用符で囲むことに注意してください。引用符は，1重でも2重でも構いません。なお，データおよびデータを表す名前のことをオブジェクトと言います。

次は，もう少し複雑なデータを使ってみます。

```
> x <- c(1, 2, 3) # ベクトルの代入
> x[c(1, 3)] # xの1番目と3番目の要素を抽出
[1] 1 3
> x + 1 # xの各要素に1を足す
[1] 2 3 4
> y <- 1:10 # 1～10の数値をyに代入
> y[3:5] # yの3～5番目の要素を抽出
[1] 3 4 5
> y * 3 # yの各要素に3を掛ける
[1]  3  6  9 12 15 18 21 24 27 30
```

最初のコードでは，xに1，2，3という3つの数値を代入しています。すなわち，オブジェクトxは，3つの要素を表します。これをRではベクトルと言います。複数の要素を1つのオブジェクトにまとめる場合，c()を使い，丸括弧内に要素をコンマで挟んで並べます。なお，c()もRのオブジェクトですが，関数と言います。関数は，特定の処理を実行するために定義されたオブジェクトです。c()関数は，ベクトルオブジェクトを作るために利用されます。

また，ベクトルのように複数の要素を表すオブジェクトでは，番号を使って一部の要素を取り出すことができます。番号は，角括弧内に指定します（この番号を添字と言います）。上の実行例では，ベクトルxから1番目と3番目の要素を取り出しています。

そして，ベクトルに対して演算を行うと，ベクトルのすべての要素が対象となります。たとえば，ベクトルxに1を足す命令を実行すると，xのそれぞれの要素に1を足した結果が出力されます（xの中身そのものが変わるわけではありません）。連続する整数の場合は，1つ1つ数値を入力せず，コロン(:)を使ってベクトルを作成することができます。

Rでは，ベクトルを使った処理が重要になります。たとえば，次のように，10人の生徒による国語の試験結果をベクトルzで表現したとします。

```
> Z <- c(44, 48, 66, 51, 51, 67, 55, 37, 43, 46)  # ベ
クトルの代入
> Z  # 代入したベクトルの確認
[1] 44 48 66 51 51 67 55 37 43 46
```

国語の平均点と標準偏差を求めようとする場合，R では，以下のように実行します．

```
> mean(Z)  # 平均
[1] 50.8
> sd(Z)  # 標準偏差
[1] 9.658617
```

これによって，10 人のデータの平均値と標準偏差が求まります．データ分析では，多数の数値などをまとめて，1 つのデータとして扱います．R のベクトルの有用性は，ここにあります．上の実行例では，mean() 関数の括弧内に 10 人のテスト結果を表す Z を指定しています．このように，関数の実行時に丸括弧内で指定する要素を引数(ひきすう)と言います．平均値と標準偏差については，後でもう少し詳しく説明します．

R はデータ解析のためのソフトウェアですが，データの入力そのものは他のソフトウェアを使った方が効率的です．ここでは Excel を使って入力したデータを読み込む方法を説明します．Excel で保存すると標準では拡張子が .xls あるいは .xlsx となる Excel 形式で保存されます．R は Excel 形式のファイルを読み込むことができますが，CSV 形式で保存しておくと，Excel 以外のソフトウェアでも読み込むことができます．

たとえば，形態素解析の結果を myData.csv として作業スペースに保存したとします．これを R で読み込むには read.csv() 関数を使います．

```
> dat <- read.csv("myData.csv")  # csv ファイルの読み込み
> head (dat)  # データの冒頭 6 行の表示
    Term  Info  Freq
1   。    記号    3
2   長い  形容詞  1
3   白い  形容詞  1
4   が    助詞    2
5   と    助詞    1
6   に    助詞    1
```

　CSV ファイルの内容を，dat オブジェクトとして (dat という名前を付けて) R に取り込みました。次の head() 関数は，データの冒頭 6 行を表示する関数です。このデータは，川端康成の『雪国』の冒頭部分を形態素解析した結果を表しています。Term という名前の列には形態素，Info という列には品詞情報，そして Freq という名前の列には頻度 (出現回数) が記録されています。これは Excel のシートのような表ですが，R では，このようなデータ形式をデータフレームと言います。ここで，データフレームの操作をいくつか紹介します。

```
> nrow(dat); ncol(dat)  # 行数と列数 (セミコロン ; で複数の命
令を結合)
[1] 22
[1] 3
> dat [2:5, 2:3]  # 2-5 行の 2-3 列を表示
    Info   Freq
2   形容詞  1
3   形容詞  1
4   助詞    2
5   助詞    1
```

```
> sum(dat$Freq)  # 頻度の合計
[1] 28
```

nrow() 関数と ncol() 関数は，それぞれデータの行数と列数を表示します．それに続く dat[2:5, 2:3] は，添字を使ってデータフレームから一部を抽出しています．角括弧内では，カンマを挟んで前に行番号，後ろに列番号を指定します．なお，空白のままにした場合はすべての列ないし行を指定したことになります（カンマは省略できません）．特定の列をまるごと抽出するには，オブジェクト名の後ろに $ を挟んで列名を指定します．

ここで，Excel の CSV 形式でファイルを保存する方法を補足しておきます．Excel 形式で保存したファイルを一度開き，「ファイル」の「名前を付けて保存」で「ファイルの種類」に「CSV（カンマ区切り）」を選んで保存します．

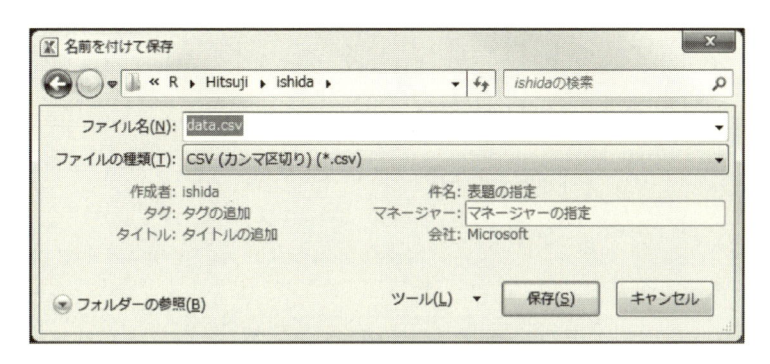

図 2.7　CSV ファイルの保存方法

保存の際，「この形式で保存しますか」と確認されますが，「はい」を選んで，ファイルを閉じます（この際，再び「変更を保存しますか」と尋ねられますが「いいえ」を選択します）．

たとえば Excel で開くと，図 2.8 の形式で表示されるデータがあったとします．

これを CSV で保存し，アクセサリのメモ帳で，ファイル形式に「すべて

図 2.8 Excel データの例

のファイル」を選んで読み込むと，図 2.9 のようになっていることが確認できます。

図 2.9 メモ帳で開いた CSV ファイル

CSV ファイルが図 2.10 のような複雑な形式になっている場合があります。

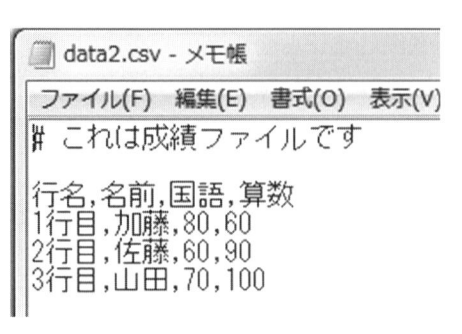

図 2.10 メモ帳で開いた CSV ファイル(2)

すなわち，データ本体とは別に最初にコメントがあり，さらに空行が続く場合や，1列目がデータそのものではなく，行の識別名である場合です。この場合は，最初の2行をスキップし，さらに1列目についてはデータ本体と分けて「行名」として読み込むべきでしょう。これは，read.csv() 関数で次のように引数指定をします。なお，コードが長くなる場合，途中で適宜改行することができます（この場合，改行した行の頭に＋が表記されますが，これは足し算の＋演算子とは異なります。単に，ユーザーに続きの入力を促す記号です）。

```
> # CSV ファイルの読み込み
> dat3 <- read.csv("data2.csv", skip = 2, row.names = 1,
fileEncoding = "CP932")
> dat3  # データの確認
      名前  国語  算数
1行目  加藤   80    60
2行目  佐藤   60    90
3行目  山田   70   100
> rownames(dat3)   # データの列名の表示
[1] "1行目" "2行目" "3行目"
```

引数 skip に 2 を指定すると，冒頭から 2 行を読み飛ばします。また，引数 row.names に 1 を指定すると，ファイルの 1 列目はデータそのものとは扱わず，行を識別する情報として扱います。また引数 fileEncoding は，ファイルの文字コードを指定します。この引数は通常は指定する必要はありません。ただし，たとえば Windows の Excel で作成したファイルを Mac の R で読み込む場合には必要になります。Windows の文字コードは "CP932" という形式です。なお，これらの引数は，後述する read.delim() 関数でも使うことができます。

なお，データファイルの区切りがカンマではなく，タブの場合があります。タブ形式とは，ファイルが図 2.11 のように表示されるファイルです。

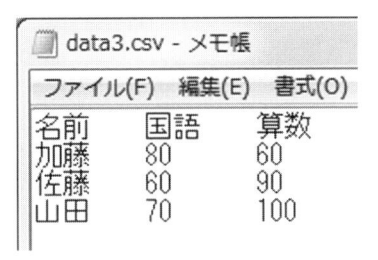

図2.11 タブ形式のファイル

項目間の空白は，単なるスペースではなく，タブという区切りです。この場合，Rではread.delim()関数を使って読み込みます。

```
> # タブ形式のファイルの読み込み
> tabData <- read.delim("data3.txt")
```

次に，行列について説明します。行列とは，次のようなデータ形式です。

```
> (x <- matrix(1:9, ncol = 3))  # 3行3列の行列
     [,1] [,2] [,3]
[1,]    1    4    7
[2,]    2    5    8
[3,]    3    6    9
> x[1:2, 2:3]  # そこから1-2行目と2-3列目を抽出
     [,1] [,2]
[1,]    4    7
[2,]    5    8
> colSums(x)  # 列ごとの合計
[1]  6 15 24
> rowSums(x)  # 行ごとの合計
[1] 12 15 18
```

データフレームと行列はよく似ていますが，行列ではすべての要素が数値であるのに対して，データフレームでは数値を表す列とラベル（たとえば品詞）を表す列が混在可能です。なお，1行目のコードのように，代入コード全体を丸括弧で囲むと，実行と同時にデータが表示されます。

`colSums()` 関数と `rowSums()` 関数は，列ないし行ごとの合計を出力します。テキストマイニングでは，こうした行列を多用します。たとえば，列に形態素を，また行にテキストを取り，要素として頻度を記録します。これを単語・文書行列 (Term Document Matrix) などと表現します。

	doc1.txt	doc2.txt	doc3.txt
学生	1	1	0
彼女	0	1	1
数学	0	1	1
真面目	1	0	0
私	1	0	0
科	0	1	0
良い	0	1	0
難しい	0	0	1

上の例は，doc1.txt, doc2.txt, doc3.txt という3つの小さなテキストから形態素を抽出した結果を行列形式で表しています。

ベクトル，データフレーム，行列の使い方については，続く節で説明します。最後に，Rを使う上で知っておくと便利な関数をいくつか挙げておきます。[5]

---

[5] Rの関数について詳しく知りたい場合は，間瀬 (2007) や石田 (2012a) が便利です。

表 2.1 Rを使う上で便利な関数

関数	用途	実行例
getwd	作業スペースを確認	getwd()
setwd	作業スペースの変更	setwd("D:/data")
ls	作業スペース内のオブジェクトを確認	ls()
mean	平均	mean(x)
sd	標準偏差	sd(x)
var	分散	var(x)
read.csv	csvファイルの読み込み	read.csv("D:/data/dat.csv")
c	要素をベクトルとして結合	c(1, 5, 7, 10)

5. 基本統計量

　基本統計量とは，データを要約する数値です。平均値は，その代表です。前節でも，国語のテスト結果から平均値を求めました。ここで，平均値の計算を確認しましょう。もちろん誰でも分かっていることでしょうが，改めて数式で書いてみます。まず，10人それぞれのテスト結果を数値そのままではなく，$X_1, X_2, \cdots X_9, X_{10}$と文字で表します。この$X$を変数と言います。平均値を求めるには，この10個の数値をすべて足し合わせて，全体の個数で割ります。まず，合計を求めます。10個の変数を$X_1 + X_2 + \cdots X_9 + X_{10}$のように+でつなぐだけで良いのですが，無駄にスペースを取るので，一般には次のように表現します。

$$\sum_{i=1}^{N} X_i$$

　ここで，$i=1$は，iが1から始まることを意味します。Nは全体の数（個数）です。ここでの個数は10なので，$N=10$ということになります。最後に，総数Nで割って，平均値を求めます。

$$\bar{X} = \frac{\sum_{i=1}^{N} X_i}{N}$$

 $\bar{X}$ は「エックスバー」と読み，データ X の平均値を表すために利用されることの多い記号です．データ分析では，多数の数値などをまとめて，1つのデータとして扱います．多数の数値から成るデータでは，全体を眺めてみても，どのような特徴があるのかは分かりません．そこで，データを要約することが求められます．平均値は，データを要約する1つの数値として広く用いられています．

 ただし，平均値だけでは，データを要約する情報としては不十分です．平均値と共に用いられる要約量として，分散ないし標準偏差があります．これらは，平均値からのデータのバラつき具合を意味します．たとえば，以下の2つのデータを比較してみましょう．仮にAをA組の英語のテスト結果，BをB組のテスト結果とします．

```
> mean(A); mean(B)  # 平均
[1] 49.56667
[1] 49.5
```

 いずれも平均値にほとんど差がありませんが，2つのクラスで英語の実力を同じと判断して構わないでしょうか．ここで，2つのデータをグラフで表してみます(図2.12)．

 このグラフをヒストグラムと言います．Rで作成する方法は少し後に回しますが，横軸が点数を表しており，縦軸は人数を表しています．縦棒の横幅は点数の区間幅に対応しており，ここでは5点刻みです．また棒の高さがその得点範囲の人数になります．それぞれのヒストグラムから，A組は全員がほぼ平均点に近い得点を取っているのに対して，B組は平均点を大きく下回る，あるいは上回る生徒がいることが分かります．すなわち，A組では英語の成績がほぼ拮抗しているのに対して，B組には英語が苦手な生徒と得意な生徒がそれぞれ少なからず含まれています．このように平均値だけで

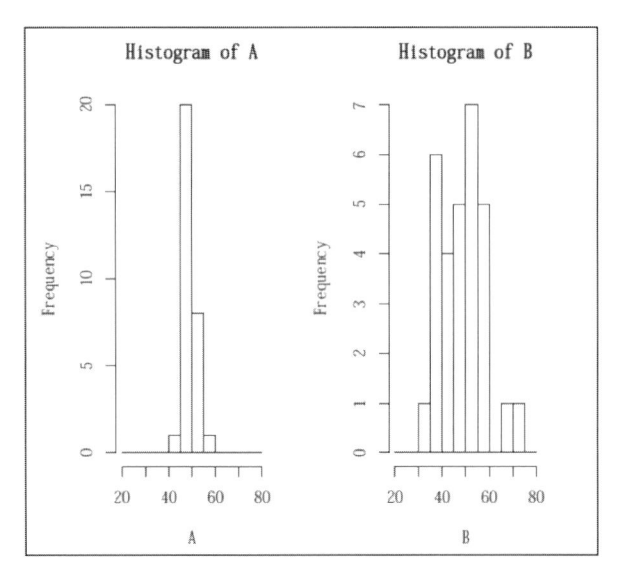

図2.12　2つのデータのグラフ

はA組とB組の違いを認識することはできません。

　ここで，A組とB組の違いは，平均値からのバラツキに対応しています。こうしたバラツキを表現する要約量として，分散，あるいは標準偏差があります。分散(σ^2；シグマの自乗)は，以下の式で表現されます。

$$\sigma^2 = \frac{\sum_{i=1}^{N}(X_i - \bar{X})^2}{N-1}$$

　要するに，個々のデータから平均値を引いた値を自乗して合算し，最後にデータ数N(から1引いた値)で割った値です。ここで自乗するのは，各データから平均値を引いて合算すると0になってしまうからです。自乗すればマイナスが消えるので(すべてのデータが0でない限り)，合算しても0にはなりません。また，データ数Nではなく，$N-1$で割っています。詳細は統計学の専門書(たとえば，東京大学教養学部統計学教室1991)に譲りますが，これは分散の計算式に平均値$\bar{X}$が含まれているためです。平均値が分かっているデータがある場合，そのデータのすべてを知る必要はありませ

ん。たとえば，データ数が10個であれば，情報として意味があるのは9個です。残り1つの値は，調べなくとも分かります。それは，平均値が分かっているからです。これを自由度が1減ると言います。言い換えれば，データ数から1を引いた値が自由度です。たとえば，1，2，3というデータの平均値は2ですが，3つのうちで1と3が分かれば，残りは調べなくとも2と分かります。この場合，自由度は2です。上の分散の式では，平均値を使っています。このため自由なデータの数が1個減るので，$N-1$を分母にするのだと考えてください。なお，$N-1$で割った分散を不偏分散とも言います。また，分散は自乗しているので，元のデータ単位と比べて大きな数値になります。メートルであれば，面積になっています。そこで，分散の平方根を取るのが標準偏差です。

さっそくRで調べてみましょう。

```
> var(A); sd(A)   # 分散と標準偏差(実行結果は，この順で表示される)
[1] 7.081609
[1] 2.661129
> var(B); sd(B)
[1] 79.84483
[1] 8.935593
```

上の実行例で，var()関数は不偏分散を，sd()関数は標準偏差を求めています。

さて，平均値に話を戻します。一般に「平均」と表現されている数値には実は3種類あります。平均値(mean)と中央値(median)，そして，最頻値(mode)です。中央値とはデータを大きさで並び替えた場合に中央に位置するデータの値であり，最頻値とはもっとも出現する回数の多い値です。具体的に見てみましょう。いま，以下のようなデータがあったとします。

```
> length(items); head(items)  # データの概要
[1] 100
[1] 2 7 9 4 3 1
```

`length()` 関数はベクトルの要素数を出力するコードです。`head()` 関数はデータの冒頭 6 個だけを表示する関数です。items オブジェクトの中身は，ある商店で商品 A が 1 日に売れた個数だと考えてください。それが 100 日分まとめられています。なお，ここでは 2 つのコードをセミコロンで挟んで 1 行にまとめています。短いコードを複数実行する場合は，このように 1 行にまとめて実行しても良いでしょう。items オブジェクトの平均値と中央値は，以下のように求めることができます。

```
> mean(items); median(items)  # 平均値と中央値
[1] 4.83
[1] 4
```

どちらもデータの中心を表す要約ですが，平均値は 4.83，中央値は 4 と，ややずれています。次に最頻値ですが，これは出現回数がもっとも多い値をデータの代表値とみなす方法です。ヒストグラムで確認してみましょう。

```
> items.cnt <- hist(items, breaks = 0:10)
```

上記の命令を入力すると，図 2.13 が得られます。横軸は 1 日に売れた商品の個数を，縦軸は日数を表しています。左端から見ると，0 から 1 の範囲の高さは 3 のあたりですが，これは 1 個売れた日が 3 日あるということを意味しています。その隣は，2 個売れた日が 8 日あることを示しています。ここのヒストグラムで棒の高さが一番高いのは 4 (個) です。つまり，ここでの最頻値は 4 になります。

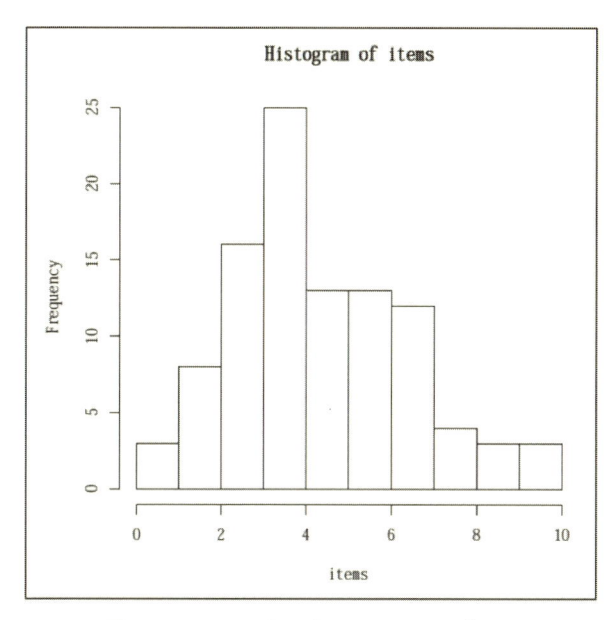

図2.13 サンプルデータのヒストグラム

hist() 関数は，ヒストグラムを描くだけでなく，区間ごとの頻度情報を出力します。ここではオブジェクト items.cnt に保存しておきました。

```
> items.cnt
$breaks
 [1]  0  1  2  3  4  5  6  7  8  9 10

$counts
 [1]  3  8 16 25 13 13 12  4  3  3

$intensities
 [1] 0.03 0.08 0.16 0.25 0.13 0.13 0.12 0.04 0.03 0.03

$density
```

```
[1] 0.03 0.08 0.16 0.25 0.13 0.13 0.12 0.04 0.03 0.03

$mids
[1] 0.5 1.5 2.5 3.5 4.5 5.5 6.5 7.5 8.5 9.5

$xname
[1] "items"

$equidist
[1] TRUE

attr(,"class")
[1] "histogram"
```

　最初にitems.cntの中身を表示するには，オブジェクト名を入力してEnterキーを押します．複数の出力がありますが，最初の2つに注目します．まず，$breaksはヒストグラムの縦棒の横幅に対応します．hist()関数の実行時に引数としてbreakを指定していますが，ここでは1(個)区切りを指定しています．つまり，棒の横幅は1個に対応しています．この幅のことをビン(bin)とも表現します．続く$countsは区切りに含まれる頻度(個数)です．他の出力については説明を省略しますが，興味のある読者は?histを実行してみてください．Windows版Rであればブラウザが起動してhist()関数のマニュアルが表示されます．このようにRの関数などの名前の最初に?を付けて実行すると，そのヘルプが表示されます．

　それぞれの値が出現した回数を調べるだけであれば，table()関数を使うこともできます．

```
> table(items)
items
 1  2  3  4  5  6  7  8  9 10
 3  8 16 25 13 13 12  4  3  3
```

ところで，バラツキの尺度として，先ほど標準偏差を紹介しました。それは，平均値を中心としたデータのバラツキを表します。ここで，中央値を中心としたバラツキの尺度として四分位範囲を紹介しましょう。

まず，次のプロットを見てください。

```
> items.box <- boxplot(items)
```

上記の命令を入力すると，図 2.14 が得られます。このような図を箱ひげ図と言います。箱ひげ図では，その名前のとおり，箱が描かれ，その中央にやや太い横線が描かれています。この横線が中央値です。箱の枠線の下側を第 1 四分位点，上側を第 3 四分位点と言います。四分位点とは，データを小さい順に並べたとき，25% 目のデータ，50% 目のデータ，そして 75% 目に位置するデータの値のことです。第 3 四分位点から第 1 四分位点を引いた値は，四分位範囲と言います。これは，中央値を中心とした「広がり」を表す尺度です。

箱の蓋と底から延びている垂直の線をひげと言いますが，これは四分位範囲の 1.5 倍より小さい，あるいは大きいデータ点の位置を意味しています。このひげより上ないし下にドット点が打たれている場合，その点は外れ値を意味します。外れ値の扱いはケースバイケースですが，データの入力ミスなどが原因であることもあります。場合によっては，データから外れ値を削除することも検討するべきです。

上で箱ひげ図を作成した際，`items.box` という名前でオブジェクトを保存しています。これを表示してみます。

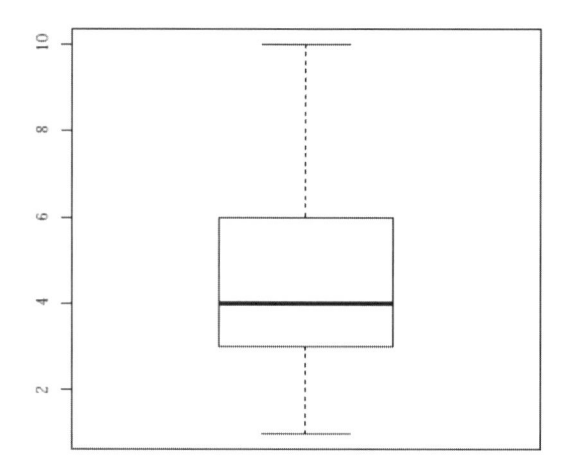

図 2.14 箱ひげ図

```
> items.box
$stats
     [,1]
[1,]  1
[2,]  3
[3,]  4
[4,]  6
[5,] 10

$n
[1] 100
$conf
     [,1]
[1,] 3.526
[2,] 4.474

$out
```

```
numeric(0)

$group
numeric(0)

$names
[1] "1"
```

最初の $stats の欄は，データの要約を表しています．上から [1,] とあるのが最小値，[2,] は第1四分位点，続いて [3,] は中央値，[4,] は第3四分位点，[5,] は最大値に該当します．$n はデータ数，$conf は中央値の 95％信頼区間を意味しています．信頼区間は，平均値や中央値の推定に使われる概念です．一般に，集団全体を測定するのは不可能な場合が多いです．たとえば，テレビの視聴率を調べるにあたって，本来はテレビを持つ世帯全体を対象とすべきですが，それは不可能です．そこで，たとえば，関東地方からは 600 世帯を抽出して調べることが行われています．統計学では，調査対象となる集団全体を母集団 (population) と言います．データは多くの場合，母集団から抽出した，限られた数の集合です．これを標本 (sample) と言います．

標本から求めた平均値や中央値を標本平均値や標本中央値と言いますが，これらの値は標本を抽出するたびに変動します．ただ，変動はするものの母集団の平均値あるいは中央値とそれほど大きく異なっていないと考えられます．95％信頼区間とは，95％ という割合で本当に調べたい母集団の平均値ないし中央値が含まれる範囲を表しています[6]．

最後に，データの平均値や中央値，バラツキを一度に出力する方法として，summary() 関数を使うこともできます．

---

[6] より正確には，たとえば標本を 100 回抽出して，そのたびに信頼区間を推定すると，そのうち 95 回で本当の平均値ないし中央値が信頼区間に含まれていることを意味します．

```
> summary(items)  # データの概要
 Min. 1st Qu. Median Mean 3rd Qu.  Max.
 1.00   3.00   4.00  4.83   6.00 10.00
```

　左からMin.は最小値，1st Qu.は第1四分位点，Medianは中央値，Meanは平均値，3rd Qu.は第3四分位点，Max.は最大値を表します。なお，summary()関数にカテゴリー(たとえば男女の区別)のような数値以外のデータを与えた場合には，それぞれのカテゴリー(男あるいは女)の頻度(人数)を出力します。

第3章
Rによるテキストマイニング

> 本章では，形態素解析済みのファイルを R に読み込む方法，**RMeCab** パッケージを用いて R 上で形態素解析を行う方法を紹介します。

1. はじめに

　Rそのものには形態素解析機能はありません。そこで，形態素解析を行うソフトウェア（形態素解析器）でテキストを処理し，その結果をRに取り込みます。これには2通りの方法があります。あらかじめ形態素解析器でテキストを処理しておき，その結果をデータファイルとしてRに読み込む方法と，**RMeCab** というパッケージをRで利用し，バックグラウンドで形態素解析を実行する方法です。前者の場合，形態素解析器と辞書を自由に選ぶことができますが，解析結果をRが読み込めるよう整形するのに多少手間がかかります。後者の場合，Rでテキストを指定するだけで整形済みの解析結果を得ることができますが，形態素解析器はMeCabのみで，辞書もIPA辞書に限られます。

　まずは前者の方法について述べ，後半では **RMeCab** パッケージの使い方を説明します。

2. 形態素解析済みのテキストの読み込み

　日本語テキストファイルから頻度表を作ります。まず，日本語テキストを

用意します．青空文庫から森鴎外の小説をダウンロードします．作家リストから森鴎外を見つけ，作家別作品リストから 85 番目の「鶏」をクリックします．ページ下に「ファイルのダウンロード」の項目がありますので，最初にある「テキストファイル（ルビあり）」の zip ファイルをダウンロードします．ファイルを解凍すると，niwatori.txt が現れます．ファイルを開いてみると，最初と最後にコメントが挿入されており，本文中にもルビが加えられていることが分かります．これらは，テキストマイニングを実行する前に削除しておくべきです．短いテキストであれば手作業で削除しても構いませんが，テキスト量が増えると大変な手間になります．Google などで検索すると，ルビなどの情報を削除するプログラムが多数公開されていますので，それらを使わせてもらうのが良いでしょう．なお，本書のサポートサイトに，ルビを取る R のスクリプトを公開しています．これをダウンロードして，以下のように使うと，ルビなどを削除したファイルが作成されます．Windows 用と Mac（Linux）用を別々に用意しているので，注意してください．

まず R スクリプトを次のようにして読み込みます．

```
> source("Aozora.R")
```

これにより Aozora() という関数が利用できるようになります．この関数では第 1 引数に，青空文庫のファイル URL を，また第 2 引数にルビ処理を行った結果を出力するファイル名を指定します．ファイル URL はファイルのダウンロード欄の zip ファイル名の上で右クリックし，Internet Explorer であれば「ショートカットのコピー」を，Firefox であれば「リンクの URL をコピー」を選ぶことでコピーできます．

```
> Aozora.R("http://www.aozora.gr.jp/cards/000129/
         files/42375_ruby_18247.zip",
         "ogai_niwatori.txt")
```

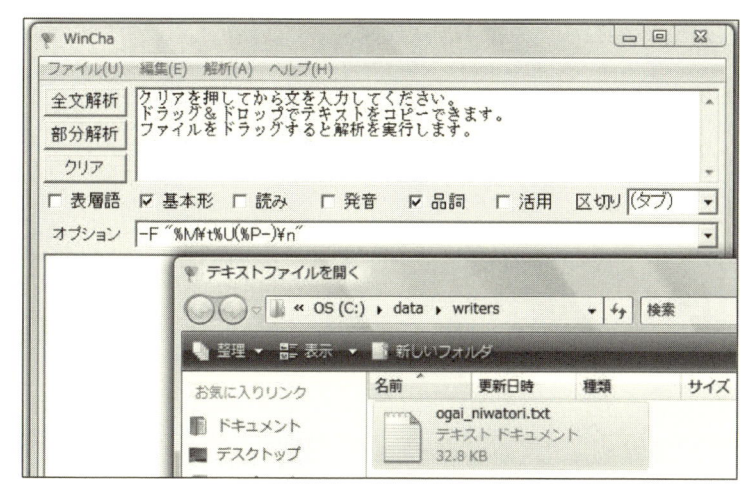

図3.1 WinChaによる形態素解析

　ここでは処理後のテキストを ogai_niwatori.txt と指定しています。この関数を実行すると，自動的に NORUBY というフォルダが作成され，その中に処理結果である ogai_niwatori.txt が保存されます。なお Mac で Aozora() 関数を使うと，ダウンロードしたファイルの文字コードは自動的に UTF-8 に変換されます。なお，詳細は本書の付録 zip ファイルに含まれる README.txt を参照してください。

　以上で形態素解析を実行する前準備は整いました。ここではファイルを C ドライブ直下の data フォルダに配置したとします。ここでの形態素解析には Windows 版茶筌を利用します。WinCha を起動して，解析するファイルを指定します。出力欄については基本形と品詞にチェックを入れておきます。図3.1 では森鴎外の『鶏』からルビなどを削除した ogai_niwatori.txt を指定しています。

　長いテキストファイルを解析対象とすると，解析結果はファイルに出力されます。この際，出力ファイルの名前は，元のファイルに拡張子として".cha" が付与されています。ファイルを右クリックして「名前の変更」を選び，拡張子を ".csv" に変えると，Excel で開くことができるようになります。ダブルクリックすると区切り記号の確認を求められますが，「タブ」が選ば

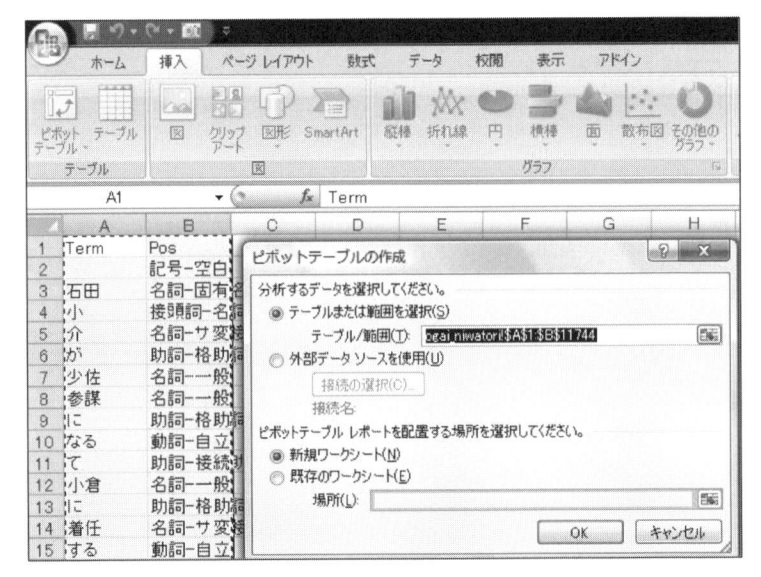

図 3.2　形態素解析済みテキストの整形（1）

れていれば，そのまま OK とします．ファイルが開いたら，形態素基本形の列に Term という名前を，また品詞列には Pos などと名前を付けておきます．

　なお，抽出された形態素の総数を延べ語数あるいはトークン数と言います．これに対して，語彙の種類を数えた場合を異なり語数あるいはタイプ数と言います．たとえば「黒い犬と白い犬を見た」という文章を MeCab で解析すると以下の結果が得られます．

黒い	形容詞,自立,*,*,形容詞・アウオ段,基本形,黒い,クロイ,クロイ
犬	名詞,一般,*,*,*,*,犬,イヌ,イヌ
と	助詞,並立助詞,*,*,*,*,と,ト,ト
白い	形容詞,自立,*,*,形容詞・アウオ段,基本形,白い,シロイ,シロイ
犬	名詞,一般,*,*,*,*,犬,イヌ,イヌ

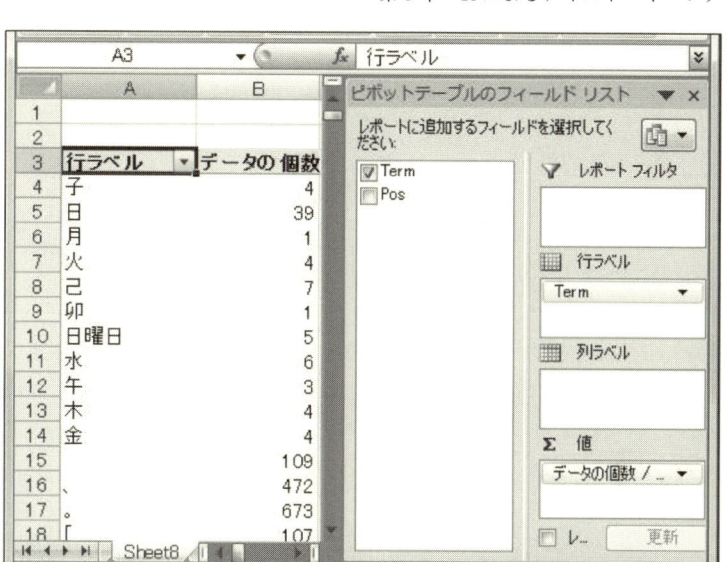

図3.3 形態素解析済みテキストの整形(2)

```
を      助詞,格助詞,一般,*,*,*,を,ヲ,ヲ
見      動詞,自立,*,*,一段,連用形,見る,ミ,ミ
た      助動詞,*,*,*,特殊・タ,基本形,た,タ,タ
EOS
```

　最後のEOSは，文章の区切り(End Of Sentence)を表しています．また，この文章のトークン数は8です．しかし，ここには「犬」が重複して現れています．そこでタイプ数は7とカウントします．

　さて，抽出されたトークン数が少なければ，Term列とPos列の品詞をそれぞれ比較しながら解析結果を検討することも可能でしょう．『鶏』の場合，トークン数は1万を超えていますので，目視で作業するのは不可能です．そこで各形態素の頻度を確認してみます．Excelで集計を行うにはピボットテーブルを使うのが便利です．まずデータが記録されているセルのいずれかでCtrlとShiftを押しながら*を押します．すると，図3.2にあるよ

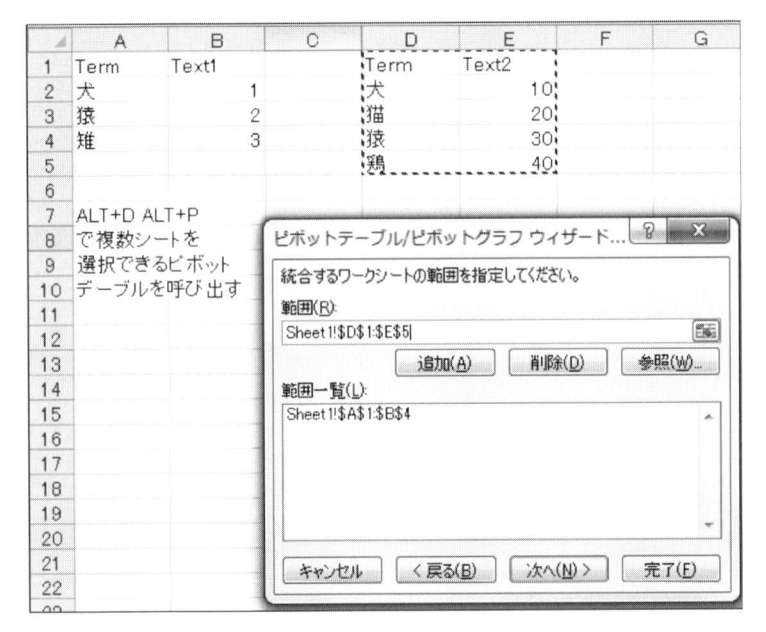

図 3.4　形態素解析済みテキストの整形(3)

うに，データ全体が範囲指定されます。ここでピボットテーブルのアイコンを押します。ウィザードが起動して，データ範囲などの設定を求められます。すでに範囲は選択されているはずですので，このまま「OK」を押します(図 3.3 を参考にしてください)。実行すると，別にシートが作成されます。

ここでは形態素のみについてカウントしますので，図 3.3 の「Term」にチェックを入れ，これを「行ラベル」と「Σ 値」へドラッグします。すると，左側に形態素の出現頻度がまとめられます。

このシートを改めて CSV ファイルとして保存すれば，R で読み込める形式になります。ただし，保存する前に列名を修正しておくと良いでしょう(たとえば Term や Freq などとする)。なお，ファイル名には半角英数字を使うことを推奨します。日本語を使ってしまうと，他の OS で文字化けが生じるなど，エラーの原因になりかねません。また念のため，保存した CSV ファイルを「メモ帳」などのソフトウェアで開いて，行頭に余計なスペースがないかなど確認することを勧めます。このようにテキストファイルに形態

	A	B	C	D
1	ページ1	(すべて)		
2				
3	合計 / 値	列ラベル		
4	行ラベル	Text1	Text2	総計
5	猿	2	30	32
6	鶏		40	40
7	犬	1	10	11
8	猫		20	20
9	雉	3		3
10	総計	6	100	106

図 3.5　形態素解析済みテキストの整形 (4)

素解析を適用して単語と頻度の表にまとめることができれば，Rに取り込んでさまざまな分析ができるようになります。

　複数のファイルの形態素解析の結果を統合したい場合，まずテキストごとに茶筌を使って形態素解析を実行します。Excelでは複数のシートを指定してピボットテーブルで集計することが可能です。Excel 2007を例に取ると，標準では複数シート集計のためのウィザードを起動するメニューはありません。この場合Altキーを押しながらDを押し，続けてAltとPを押すと，ウィザードが起動します。

　図3.4では，同じシートに2つの小さな頻度表を並べたデータを例にして，ピボットテーブルウィザードを起動しています。ここで「複数のワークシート範囲」を指定します。この際，2つの表で形態素を表す列名は同じ「Term」にしていますが，頻度を表す列の方はテキストごとに一意のラベルに変更しておきます。この例では単純に，それぞれを「Text1」と「Text2」としています。対象となる表の範囲を必要な数だけ「追加」しながら指定します。

　「次へ」を押すと，集計結果を保存する場所を問われますので，「新しいワークシート」などを指定します。図3.5のように，行側に形態素，列側に文書が設定された表が作成されます。なお，このようなデータ形式を単語・文書行列と表現することがあります。

　作成された表を，あらためてCSVファイルとして保存する場合，「行ラ

ベル」は「Term」などと修正しておきます。ここで右端の列と最終行にある総計を削除してしまっても構いませんが，このまま残しておいて，Rに取り込んでから以下のように削除することもできます。

```
> # CSV データの読み込みと整形
> dat <- read.csv("Pivot.csv", row.names = 1, skip = 3)
> dat <- dat[, -ncol(dat)]   # 最終列の削除
> dat <- dat[-nrow(dat), ]   # 最終行の削除
```

　read.csv() 関数の引数 row.names に 1 を指定していますが，これはCSV ファイルの 1 列目（形態素）を行の名前として使うことを指定しています。このようにすると，読み込まれたデータは数値のみで構成されます。形態素やファイル名は，データ本体（頻度）とは区別された別の情報として扱われます。データ本体が数値のみであれば，行列に変換することで，さまざまな計算処理を適用しやすくなります。また，引数 skip に 3 を指定すると，CSV ファイルの最初の 3 行を読み飛ばします。この 3 行にはピボットテーブルが作成した情報が含まれますが，データそのものではありません（やはり R に読み込む前に，メモ帳などで開いて確認することを勧めます）。R では，角括弧内の添字に負の数値を指定すると，該当列ないし行を削除します。ここでは ncol() 関数と nrow() 関数を使って，右端の列番号と最終行番号を取得し，これにマイナスを付与しています。このように添字を使って，データを抽出するコードを代入記号 (<-) の右辺に置き，削除した結果を左辺に代入しています。左辺は元データを表すオブジェクトなので，結果としてオブジェクトが更新されます。

　また，Excel のピボットテーブルの出力には空白のセルがあります。これは R では欠損値（NA）と扱われ，データが得られなかったことを意味します。しかし，単語の頻度表では，出現回数が 0 回だったことを意味します。そこで，NA を一括して 0 に変換します。

```
> dat[is.na(dat)] <- 0  # 欠損値の処理
```

　is.na() 関数は引数に指定されたオブジェクト内に NA という要素があれば，その位置を出力します．この関数全体を角括弧内に添字として指定した式を左辺にして，右辺から 0 を代入すれば，NA が 0 に置き換えられます．

　最後に，read.csv() 関数の出力はデータフレームであり，行列ではありません．テキストマイニングでは行列計算を使うことが多くなりますが，行列関数は対象となるオブジェクトが行列形式であるかどうかをチェックすることがあります．もしも行列でないと判断された場合は，計算処理が適用されません．そこでデータフレームを行列に変換します．この処理によってデータの中身が変更されるわけではなく，単にデータを保存している形式が変更されます．

```
> dat <- as.matrix(dat)  # 行列へ変換
```

　これで R でテキストマイニングを実行する用意が整いました．なお，ここでは Windows 版茶筌の GUI メニューでファイルを指定して形態素解析を実行しましたが，茶筌など多くの形態素解析器ではコマンドプロンプトからファイルを指定して実行することも可能です．詳細は省きますが，茶筌であれば，以下のように実行することも可能です（ここでは紙面の都合で入力が 2 行にわたっていますが，実際には 1 行で入力します）．

```
> C:¥Program Files¥chasen¥chasen.exe -F "%M,%P1-¥n"
ogai_niwatori.txt > Output.csv
```

　この処理は，元ファイル ogai_niwatori.txt を解析して出力をファイル Output.csv に記録します．その際，出力のフォーマットを F オプションで指定して，形態素基本形とその品詞情報をカンマで区切って出力しています．形態素解析器をコマンドプロンプトで実行する場合，オプションを指定することで出力形式を指定できます（オプションは形態素解析器ごとに異なりま

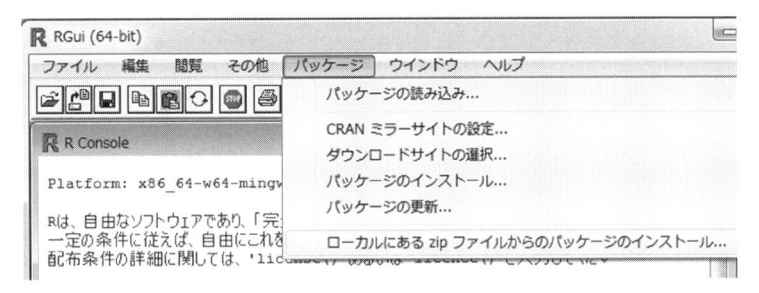

図 3.6 RMeCab パッケージのインストール

すので，それぞれの公式サイトなどで調べてください）。このファイルを Excel で開き，ピボットテーブルを使うことで頻度を集計できます。

3. RMeCab パッケージ

3.1 インストール

　前節では，形態素解析器を単独で利用した結果を Excel で整形し，R で読み込める形式に変換する方法を説明しました。本節では，R でテキスト（あるいはテキストを保存したフォルダ）を指定して形態素解析を行い，結果をデータフレームや行列として保存する方法を解説します。このために **RMeCab** パッケージを導入します。

　RMeCab パッケージは CRAN に登録されていません。公開サイト[1]から，利用する R のバージョンにあわせてダウンロードします。本書では R-3.0.0 を利用していますので，RMeCab_0.9990 を利用します。ここでは Windows 版 R での利用方法を説明しますが，その他の OS の場合も基本的には同じ手順で操作できます。[2]

　32 bit あるいは 64 bit いずれかの R を起動し，図 3.6 のように，メニュー

---

[1] http://rmecab.jp/wiki/index.php?RMeCab
[2] Mac や Linux でのインストール方法は公開サイトの説明を参照してください。なお，本書の付録ファイルの README.txt にも説明してあります。

の「パッケージ」から「ローカルにある zip ファイルからのパッケージのインストール...」を選びます。ファイル選択ダイアログが現れますので，ダウンロードした RMeCab_0.99**.zip (** はダウンロードしたバージョンの数値) を選び，「開く」を押します。これでインストールは完了です。なお，32 bit 版 R でインストールしておけば，64 bit 版 R でも利用できるようになります (その逆も同様です)。

さっそく利用してみましょう。**RMeCab** パッケージに限らず，R のパッケージを利用するには，はじめにロードが必要です。

```
> library(RMeCab) # パッケージのロード
```

library() 関数の引数としてパッケージ名を指定すると，パッケージが利用可能になります。最初にもっとも単純な RMeCabC() 関数を紹介します。

```
> RMeCabC("すもももももももものうち") # 形態素解析
[[1]]
名詞   "すもも"
[[2]]
助詞   "も"
[[3]]
名詞   "もも"
[[4]]
助詞   "も"
[[5]]
名詞   "もも"
[[6]]
助詞   "の"
[[7]]
名詞   "うち"
```

RMeCabC()関数のデフォルトの出力はリスト形式で，要素ごとに改行して表示されます。リストの要素は2重の角括弧内に連番が付けられて表示されます。この場合，要素は個別の形態素です。また，形態素の品詞情報が要素名として表示されます。なお，リストの出力はunlist()関数を併用すると簡素化されます。

```
> (x <- unlist(RMeCabC("本を買いました。", 1)))
  名詞      助詞    動詞    助動詞    助動詞   記号
  "本"      "を"    "買う"  "ます"    "た"     "。"
```

RMeCabC()関数の式全体をunlist()関数の引数として実行し，オブジェクトxに代入しています。代入式全体を丸括弧で囲っていますので，代入と同時にオブジェクトxの内容が表示されます。ここで第1引数で指定した文章内の「買い」が基本形に変換されていることに注意してください。RMeCabC()関数では解析対象の文字列を引数に指定しますが，カンマを挟んで2つ目の引数(第2引数)を指定することができます。ここに1を指定すると，第1引数の文字列に含まれる活用語を基本形にした結果が返り値となります(デフォルトは活用形のまま表示しますが，これを表層形とも言います)。

RMeCab パッケージには，以下の関数が実装されています。大きく分けて，日本語テキストファイル(あるいはフォルダ)を指定すると，形態素解析結果をデータフレームないし行列で返す関数と，データフレームの指定された列に記録されている日本語テキストを解析して返す関数の2種類があります。

- ● テキストファイル(なお単独のファイルが対象の関数には -s- を，フォルダ内の全ファイルが対象の関数には -p- を付記する)
    - ✓ `RMeCabFreq()` 関数 -s- (石田 2008: 56)
    - ✓ `docMatrix()` 関数 -s- と `docMatrix2()` 関数 -s-, -p- (石田 2008: 62–72 から改編)

- ✓ Ngram()関数 -s- (石田 2008: 72)
- ✓ NgramDF()関数 -s- と NgramDF2()関数 -s-, -p- (石田 2008: 75)
- ✓ docNgram()関数 -p- と docNgram2()関数 -s-, -p- (石田 2008: 77)
- ✓ collocate()関数 -s- と collScores()関数 (石田 2008: 79)
- ✓ docDF()関数 -s-, -p- (石田 2008 に記載なし)
- ● データフレーム (csv ファイルなどから読み込んだオブジェクト)
  - ✓ RMeCabDF()関数 (石田 2008: 60)
  - ✓ docMatrixDF()関数 (石田 2008: 69)
  - ✓ docNgramDF()関数 (石田 2008 に記載なし)
  - ✓ docDF()関数 (石田 2008 に記載なし)

多くの関数が用意されていますが，機能的には重複するので，本書では代表的な関数のみを取り上げます。以下，日本語テキストを指定して頻度表や単語・文書行列を作成する手順を説明していきます。

3.2 頻度表の作成

本章の最初で用意した ogai_niwatori.txt を対象に分析を行います。最初にテキスト中の形態素，その品詞情報，そして出現回数(頻度)を集計します。はじめにテキストファイルが置かれているフォルダを指定します。

```
> setwd("C:/Users/ユーザー名/Documents/data")  # フォルダの指定
```

ここでは Windows のユーザーフォルダである C ドライブの "Users/ユーザー名/Documents" に本書のデータフォルダ data があり，そこに整形済みの『鶏』ファイルがあるとします。なお，R ではフォルダの区切りに円マークではなくスラッシュを利用することに注意してください。

```
> niwatori <- RMeCabFreq("ogai_niwatori.txt")  # 頻度表
の作成
```

RMeCab をロードした直後では，形態素解析の結果が得られるまで多少時間がかかるかも知れません。これは，形態素解析を実行する前に，R が作業のためのメモリを確保しようとするからです。また，R コンソールには対象となったファイル名と抽出された形態素数(タイプ数)が表示されます。なお，**RMeCab** パッケージの多くの関数では出力する品詞を指定できますが，RMeCabFreq() 関数では，記号を含めすべての品詞を出力します。この際，活用語は基本形に変換されます。

形態素解析の結果は，一般に大きなデータとなりますので，解析結果を直接コンソールに出力させるのは避けて，いったんオブジェクトに保存します。ここでは niwatori という名前で保存しました。まずは解析結果全体から最初の 6 行だけを head() 関数で出力させてみます。

```
> head(niwatori)  # 頻度表の表示(一部)
    Term   Info1  Info2  Freq
1   あ     フィラー  *     41
2   うんと  フィラー  *     2
3   え     フィラー  *     1
4   えと    フィラー  *     3
5   う     感動詞    *     1
6   うん    感動詞    *     4
```

上の出力は Windows 版 R での実行結果です。文字コードが異なる Mac や Linux では表示順が異なることがあります。また，MeCab のバージョンや辞書の違いによって，抽出される形態素の総数が異なる場合もあります。形態素解析器は，一意に定まる結果を返すわけではないことには留意しておいてください。

この出力はデータフレームであり，1列目のTermは形態素，2列目のInfo1は品詞分類，3列目のInfo2は品詞細分類に対応します。ただし，細分類はすべての品詞に定義されているわけではなく，該当しない場合はアスタリスク(*)となります。

さて，一般にテキスト中の形態素数は数千から数万になりますので，すべてを一覧するわけにはいきません。最初に，頻度順に形態素を並び替えて，もっとも頻度の大きい形態素を確認してみます。

```
> # 頻度順に並べ替え
> niwatori2 <- niwatori[order(niwatori$Freq, decreasing = TRUE), ]
> head(niwatori2) # 冒頭部分を表示
      Term  Info1   Info2   Freq
19    。    記号    句点    673
112   て    助詞    接続助詞 592
21    、    記号    読点    472
98    を    助詞    格助詞  457
93    に    助詞    格助詞  426
147   の    助詞    連体化  423
```

頻度を大きい順(降順)に並び替えた結果を，新たに niwatori2 というオブジェクトに保存し，その冒頭を表示しています。並び替える方法を説明します。まず，元データ niwatori に角括弧の添字を指定します。データフレームでは，角括弧をカンマで前後に分け，前が行の指定，後ろが列の指定になります。ここではカンマの後半は空白として，すべての列を抽出しています。カンマの前半ですが，ここで order() 関数を使ったコードを挿入しています。この関数は並び替えた結果そのものではなく，元の位置番号を返します。ここでは niwatori$Freq を指定していますが，元データで頻度が小さい順に並び替えた場合の行数を返します。ただし，引数 decreasing に TRUE を与えると，降順で並べます。

次に，特定の条件で検索してみましょう。まずは，ある文字ないし文字列を含む形態素が抽出されているかどうかを調べてみます。

```
> # 特定の条件で検索
> niwatori[grep("にわとり|鶏|鳥", niwatori$Term), ]
     Term  Info1   Info2  Freq
973   鶏   名詞    一般    13
1137 親鳥  名詞    一般     2
1238  鳥   名詞    一般    16
1239 鳥屋  名詞    一般     4
1401 牝鶏  名詞    一般    12
1420 雄鶏  名詞    一般     3
1599  鳥   名詞   固有名詞   1
```

grepはコンピュータ上で検索を行う標準的なコマンドです。Rのgrep()関数では，最初の引数に検索文字ないし文字列を指定します。ただし，一部の文字はメタ文字と呼ばれ，特殊な意味を持ちます。たとえば，上の例では縦棒(|)は英語のorに相当する役割を果たします。この場合，「にわとり」か「鶏」，あるいは「鳥」を含む形態素を検索することになります。次にカンマを挟んで第2引数に検索する対象を指定します。注意するのは，データフレーム全体ではなく，その列(ここではTerm)を指定することです。データフレームの特定の列を指定するには，オブジェクト名の後にドルマーク($)を挟んで列名を指定します。列名は，colonames(niwatori)とすると確認できます。

grep()関数は，対象を最初から調べていき，検索文字列に一致する位置番号を返します。マッチした文字列そのものを返すわけではありません。しかし，番号が返されるので添字として利用できます。そこでgrep()関数全体を添字にしてしまいます。角括弧内ではコンマの前にgrep()関数を指定していますので，マッチする行が出力されます。カンマの後は空白にしていますので，該当する行のすべての列が出力されます。仮にカンマの後に

引用符付きの列名 "Term" か，あるいは数字の 1 を指定すれば，形態素だけを抽出できます。

```
> # 形態素のみを抽出
> niwatori[grep("にわとり|鶏|鳥", niwatori$Term),
"Term"]
[1]"鶏"    "親鳥"   "鳥"    "鳥屋"   "牝鶏"   "雄鶏"   "鳥
```

次に助詞の「て」を抽出するつもりで，以下のように実行してみましょう。

```
> #「て」を含む形態素の検索
> head(niwatori[grep("て", niwatori$Term), ])
      Term   Info1   Info2   Freq
14    はてな  感動詞    *       1
86    って    助詞   格助詞    8
87    て      助詞   格助詞    4
91    として  助詞   格助詞    1
94    によって 助詞   格助詞    1
112   て      助詞   接続助詞  592
```

これだと文字として「て」を含む形態素がすべて抽出されてしまいます。そこで次のようにします。

```
> (x <- niwatori[grep("^て$", niwatori$Term), ]) # 助
詞「て」の検索
      Term   Info1   Info2   Freq
87    て      助詞   格助詞     4
112   て      助詞   接続助詞  592
```

ここで ^ と $ は語頭と語末を表す特殊なメタ文字になります．メタ文字を使って文字列を検索する技術を正規表現と言います．正規表現は非常に奥深く，本書で詳細に説明することはできませんが，興味のある方は日本語のWikipediaなどを検索してみてください（あるいは，大名 2012 やフリードル 2008 を参照してください）．出力を見ると，助詞の「て」は細分類で2つに分けられています．いまは細分類を無視して，単に助詞として頻度をまとめましょう．

```
> aggregate(x$Freq, x[1:2], sum)  # 細分類を無視して，頻度を集計
    Term  Info1   x
1    て    助詞   596
```

aggregate() 関数は，カテゴリーを統合して集計するのに便利な関数です．第1引数に先ほどの抽出結果を代入したオブジェクト x を使い，$Freq として頻度の列を指定しています．また，第2引数は比較照合する列（形態素と品詞分類である1列目と2列目）を限定しています．すなわち，データフレームの各行について，その1列目と2列目の両方が一致していれば統合します．ところが，照合対象として3列目を指定していませんので，結果として3列目の細分類は無視されます．区別されないということは統合されます．

3.3 n-gram の作成

次に n-gram を取った頻度データを抽出してみます．n-gram とは，連続する文字ないし形態素，品詞をペアとした頻度情報です．特に2つ連続する場合をバイグラム (bigram)，3つ連続する場合はトライグラム (trigram) と表現します．たとえば「英語の小説」を例に取り，文字単位，形態素単位，品詞単位でバイグラムを計ると次のようになります．

表 3.1 「英語の小説」のバイグラム

文字単位	形態素単位	品詞単位
英–語 語–の の–小 小–説	英語–の の–小説	名詞–助詞 助詞–名詞

RMeCab パッケージには n-gram を求める関数が複数ありますが，まずは Ngram() 関数を使ってみます．この関数では抽出する単位を，文字，形態素，あるいは品詞のいずれかに指定できます．

```
> ngram <- Ngram("ogai_niwatori.txt") # n-gramの作成
> tail(ngram) # 末尾部分の表示
       Ngram  Freq
5883 [靠-り]    1
5884 [鞋-を]    1
5885 [頸-に]    1
5886 [饒-舌]    1
5887 [髷-が]    1
5888 [鴉-の]    1
```

デフォルトでは文字のバイグラムが抽出されます．ここでは tail() 関数を使って，末尾 6 行を表示させました（なお，表示の順番は OS や MeCab のバージョンによっても変わることがあります）．n-gram 列では角括弧内にハイフンを挟んでバイグラムが表示されます．たとえば，［鴉-の］であれば，「鴉」という 1 文字の直後に「の」という文字が続いたケースを意味し，Freq 列にはその頻度が記録されます．

次に形態素のバイグラムを作成します．

```
> bigram <- Ngram("ogai_niwatori.txt", type = 1)  # バ
イグラムの作成
> tail(bigram)  #  末尾部分の表示
         Ngram     Freq
2924  [ 鑽籬-菜 ]      1
2925   [ 靠-膝 ]       1
2926  [ 鞋-石田 ]      1
2927  [ 頸-柑子 ]      1
2928  [ 饒舌-ら ]      1
2929   [ 鴉-子 ]       1
```

　形態素のバイグラムを作成する場合，抽出する品詞を指定することができます．これは引数 pos に指定します．デフォルトでは名詞と形容詞のみを抽出します．たとえば，「今日は快晴だ」を例に取ると，形態素としては「今日-は」，「は-快晴」，「快晴-だ」の 3 つのペアがあり得ますが，仮に「名詞」のみを指定すると，「今日-快晴」のペアのみが抽出されます．すなわち，指定された品詞以外は除外してバイグラムが抽出されます．

　分かりやすい比較として，夏目漱石の『思い出す事など』の冒頭部分を解析してみます．最初の出力がデフォルトであり，2 つ目は名詞のみ，3 つ目の結果では名詞，動詞，助詞を指定しています．

```
#  さまざまなバイグラムの作成
> bigram1 <- Ngram("omoidasu.txt", type = 1)
file = omoidasu.txt Ngram = 2
length = 8
>
> bigram2 <- Ngram("omoidasu.txt", type = 1, pos = "
名詞 ")
file = omoidasu.txt Ngram = 2
```

```
length = 7
>
> bigram3 <- Ngram("omoidasu.txt", type = 1, pos = c
("名詞","動詞","助詞"))
file = omoidasu.txt Ngram = 2
>
> head(bigram1)  # デフォルトの出力
       Ngram      Freq
1   [ここ-暑い]      1
2     [の-三]       1
3    [カ月-昔]      1
4    [三-カ月]      1
5    [事-病院]      1
6   [暑い-朝夕]     1
>
> head(bigram2)  # 名詞に限定したので，たとえば形容詞「暑い」
が含まれない(一部で「の」をMeCabは非自立の名詞と判定している)
       Ngram      Freq
1   [ここ-朝夕]     1
2     [の-三]       1
3    [カ月-昔]      1
4    [三-カ月]      1
5    [事-病院]      1
6   [朝夕-の]       1
>
> head(bigram3)  # 抽出対象に動詞と助詞を含めた結果
       Ngram      Freq
1    [ここ-で]      1
2    [て-来る]      1
3    [で-朝夕]      1
```

```
4      [と-ここ]         1
5      [に-なる]         1
6      [の-も]          1
```

それぞれの出力の違いに注目してください．なお，N引数はデフォルトで2に設定されています．これを3に変更してみます．

```
> trigram <- Ngram("omoidasu.txt", type = 1, N = 3) #
トライグラムの作成
> head(trigram)
          Ngram       Freq
1   [ここ-暑い-朝夕]      1
2   [の-三-カ月]         1
3   [三-カ月-昔]         1
4   [事-病院-ここ]       1
5   [暑い-朝夕-の]       1
6   [朝夕-の-三]         1
```

形態素のn-gramだけでなく，その品詞情報も必要な場合，docDF()関数を利用することができます．

```
> # 品詞情報とともにn-gramを抽出
> bigram <- docDF("omoidasu.txt", type = 1, N = 2)
> tail(bigram)
         TERM       POS1              POS2omoidasu.txt
25    暑い-朝夕    形容詞-名詞        自立--一般             1
26    昔-に        名詞-助詞          副詞可能-格助詞       1
27    送る-た      動詞-助動詞        自立-*                1
28    朝夕-を      名詞-助詞          一般-格助詞           1
29    病院-まで    名詞-助詞          一般-副助詞           1
```

| 30 | 来る-た | 動詞-助動詞 | 非自立-* | 1 |

出力から明らかなように，1列目にハイフンでつなげたn-gram（角括弧はありません），2列目にそれぞれのPOS1情報，3列目にそれぞれのPOS2情報が記録されています．docDF()関数は，デフォルトではすべての品詞情報を抽出します．品詞を指定したい場合はpos引数をpos = c("名詞", "動詞", "形容詞")のように追加します．

3.4 複数ファイルの解析

前節では単独ファイルにおける形態素あるいはn-gramの頻度を調べました．ここでは複数のファイルを同時に解析して，単語・文書行列を出力する方法を検討します．

docMatrix()関数では第1引数に指定されたフォルダ内のすべてのファイルを解析します．本書の付録データのdataフォルダには，samplesというフォルダが含まれています．ここには，川端康成の『雪国』の書き出し部分を適当に改編した短いテキストが4つ含まれています．

```
> dm <- docMatrix("samples")  # 複数ファイルから頻度行列を作成
> head(dm)
                docs
terms            yuki1.txt yuki2.txt yuki3.txt yuki4.txt
  [[LESS-THAN-1]]         0         0         0         0
  [[TOTAL-TOKENS]]       11        11        11        11
  トンネル                1         1         0         1
  国境                    1         1         0         1
  雪国                    1         0         0         0
  長い                    1         0         0         0
```

この関数の出力は行列であり，各列が対象となるテキストに対応し，行で

表された形態素の頻度情報を表しています．ただし，デフォルトでは名詞と形容詞のみを抽出します．品詞を指定したい場合は引数posを指定します．

実行結果には[LESS-THAN-1]と[TOTAL-TOKENS]という2つの情報行があります．前者は，関数実行時に抽出する最低頻度(閾値)を指定した場合に必要となる情報ですが，本書では利用しません．後者は，それぞれのテキストに出現した単語(トークン)の総数です．デフォルトで抽出される名詞と形容詞以外，たとえば，助詞や動詞などもカウントされています(句読点などの記号はカウントされていませんが，引数で指定して総数に加えることが可能です)．docMatrix()関数の出力データをもとに分析を行う場合は，この2行を削除しておく必要があります．そこで，以下のように実行します．!=は，右辺と左辺が異なるかどうかを判定する演算子です．ここでは異なる行を削除して，残りの行を抽出する処理を行なっています．

```
> dm <- dm[rownames(dm) != "[[LESS-THAN-1]]",] # 該当行を削除
> dm <- dm[rownames(dm) != "[[TOTAL-TOKENS]]",] # 同じく削除
```

あるいはdocMatrix2()関数を使うと，始めから情報行を省いた出力が得られます．

```
> dm <- docMatrix2("samples") # 複数ファイルから頻度行列を作成
> head(dm)
         yuki1.txt yuki2.txt yuki3.txt yuki4.txt
トンネル        1         1         0         1
海原            0         0         1         0
県境            0         0         1         1
広い            0         0         1         0
国境            1         1         0         1
```

| 山国 | 0 | 1 | 0 | 0 |

　なお，行列に対してcolSums()関数を適用すると列ごとの合計が得られます。単語・文書行列であれば，それぞれのテキストから抽出された形態素の頻度合計になります。また，rowSums()関数では行ごとの合計が出力されます。これは，対象とする複数のテキスト全体で，ある形態素が出現した総数に該当します。

3.5　単語の重み付け

　単語・文書行列の対象となるテキストの長さ(トークン数)が異なっている場合，当然，頻度数も異なってきます。この場合，長いテキストのデータが過度に強調されるのを避けるために，頻度の値をそのまま使うのではなく，相対頻度などに変換するのが望ましいです(第5章や第9章の事例では相対頻度を使っています)。あるいは，頻度に重み付けをすることも行われます。たとえば，テキストをジャンルごとに分類することを考えた場合，すべてのテキストに同じ頻度で出現する単語は有効な情報とはなりません。むしろ，特定のテキストにのみ出現する単語に注目した方が，テキスト分類という課題などでは有効です。分析に有効な単語を強調するため，元の頻度を調整することを重み付けと言います。これにはTF(Term Frequency)，IDF(Inverted Document Frequency)，正規化などがあります。TFはもっとも単純な重み付けで，出現回数の多さに着目します。TFでは，単純にその単語の生の頻度をそのまま使うことが多いです。IDFは，一部の文書にのみ現れる単語に大きな重みを与える指数です。

$$IDF = \log \frac{N}{df}$$

ここでNは文書数，dfはある形態素が出現した文書数です。[3] logは対数を意味します（本章末尾の解説を参照してください）。たとえば，samplesフォルダにある4つのテキストのうち，「国境」が出現するのは3つです。するとIDFは

$$IDF = \log_2 \frac{4}{3}$$

となります。Rで求めると，log2(4/3)=0.415です。

```
> log2(4/3)  # IDFの計算
```

一方，「海原」は1つのテキストのみに出現します。この場合，log2(4/1)=2となります。すなわち，「海原」は「国境」より大きな重みが与えられます。

頻度重みでは，TFとIDFを乗じた値が使われます。たとえば，yuki1.txtの場合，「国境」は1回だけ出現しているので，TFは1です。また，上の計算結果でIDFは0.415ですから，yuki1.txtにおける「国境」の重み付けした頻度は1×0.415となります。[4]

RMeCab パッケージの関数では，weightという引数を指定することで求めることができます（対数の底は2ですが，IDFの式に1を足した数値を使っています）。

```
> # TF-IDF
> dm2 <- docMatrix2("samples", pos = c("名詞","形容詞
"), weight = "tf*idf")
```

---

[3] ただし，対数logの計算結果が0になる場合があるので，計算結果に常に1を足す流儀 $\log \frac{N}{df} + 1$ もあります。また対数には log（自然対数），$\log_{10}$（常用対数）などがあります。**RMeCab** では，2を底にした $\log_2$ が使われ，またIDFの値に1を足しています。

[4] あるいは，1×(0.415+1)で表す場合もあります。

```
> head(dm2)
        yuki1.txt yuki2.txt yuki3.txt yuki4.txt
トンネル  1.415037  1.415037         0  1.415037
海原      0.000000  0.000000         3  0.000000
県境      0.000000  0.000000         2  2.000000
広い      0.000000  0.000000         3  0.000000
国境      1.415037  1.415037         0  1.415037
山国      0.000000  3.000000         0  0.000000
```

　正規化は，文書ごとの長さ（トークン数）の違いを調整する方法です．これにも複数の方法がありますが，ここではコサイン正規化を紹介します．まず文書ごとに抽出された形態素のすべてについて TF × IDF の自乗を求めて合算し，その平方根を取ります．

$$\sqrt{\sum(\mathrm{TF}\times\mathrm{IDF})^2}$$

　たとえば，dm2 オブジェクトの yuki1.txt 列を見ると，「トンネル」，「国境」，「雪国」，「長い」の 4 つの形態素が抽出されています．最初の 2 つは，他 2 つのテキストにも出現しており，TF * IDF は約 1.42 です（1*(log2(4/3)+1)）．残りの 2 つは他のテキストに出現していないので，TF * IDF は 3 です（1*(log2(4/1)+1)）．それぞれを自乗して足すと，sqrt(1.42^2+1.42^2+3^2+3^2) = 4.693911 となります．この値でもう一度，それぞれの TF * IDF を割ります．たとえば「トンネル」ならば，1.41503/4.693911 = 0.3014608 となります．すなわち，「トンネル」と「国境」は約 0.3 で，「雪国」と「長い」は 0.64 となります．ここで，これらの数値を自乗して足すと 1 になります（端数を無視するならば，R では 0.3^2+0.3^2+0.64^2+0.64^2 と計算します）．
　これは，他の文書でも同様で，正規化された頻度を自乗して足すと，元の文書の長さ（トークン数）がどれだけ異なっていても，必ず 1 になります．これが正規化の意味です．**RMeCab** パッケージの関数では weight 引数に

normを追加すると正規化された頻度を求めることができます。

```
> # 正規化
> dm2 <- docMatrix2("samples", pos = c("名詞","形容詞"), weight = "tf*idf*norm")
> head(dm2)
         yuki1.txt yuki2.txt yuki3.txt yuki4.txt
トンネル  0.301655  0.3016550 0.0000000 0.5001456
海原      0.000000  0.0000000 0.5388159 0.0000000
県境      0.000000  0.0000000 0.3592106 0.7069008
広い      0.000000  0.0000000 0.5388159 0.0000000
国境      0.301655  0.3016550 0.0000000 0.5001456
山国      0.000000  0.6395344 0.0000000 0.0000000
```

正規化されていることを確認します。文書ごとに自乗した値を合計してみます。

```
> colSums(dm2^2) # 列ごとに自乗した合計
yuki1.txt yuki2.txt yuki3.txt yuki4.txt
        1         1         1         1
```

すべて1になっていることが確認できます。

次に，n-gram で単語・文書行列を作成します。docNgram() 関数かdocNgram2() 関数を使います。ここでは後者を利用しますが，どちらも出力は同じになります（解析速度は後者の方がやや速くなりますが，メモリを多く要します）。

```
> bigram <- docNgram2 ("samples") # n-gramの頻度行列
> head(bigram)
        yuki1.txt yuki2.txt yuki3.txt yuki4.txt
```

[あ-っ]	1	1	1	1
[い-ト]	1	1	0	0
[い-道]	0	0	1	0
[け-る]	1	1	1	1
[さ-な]	0	0	0	1
[た-。]	1	1	1	1

デフォルトでは形態素単位でバイグラムを出力します。docNgram()関数では，先に紹介したNgram()関数と同じ引数を指定することができます。また，docDF()関数も利用できます。

```
> bigram <- docDF("samples", type = 1, N = 2)
> head(bigram)
    TERM      POS1        POS2   yuki1.txt yuki2.txt yuki3.txt yuki4.txt
1  ある-た   助動詞-助動詞   *-*          1         1         1         1
2  た-。    助動詞-記号    *-句点        1         1         1         1
3  だ-ある  助動詞-助動詞   *-*          1         1         1         1
4  と-海原   助詞-名詞    接続助詞-一般   0         0         1         0
5  と-国境   助詞-名詞    接続助詞-一般   0         0         0         1
6  と-山国   助詞-名詞    接続助詞-一般   0         1         0         0
```

docDF()関数では，品詞細分類の情報を含めたデータフレームを返すのが特徴です。なお，上の出力では第1列（TERM列）に，ハイフンでつないだn-gramを記録しますが，形態素ごとに列を分けることもできます。この場合，nDF引数にTRUEを指定します（NgramDF()関数でも同様の出力が得られます）。

```
> bigram <- docDF("samples", type = 1, N = 2, nDF = TRUE)
> head(bigram)
```

	N1	N2	POS1	POS2	yuki1.txt	yuki2.txt	yuki3.txt	yuki4.txt
1	ある	た	助動詞-助動詞	*-*	1	1	1	1
2	た	。	助動詞-記号	*-句点	1	1	1	1
3	だ	ある	助動詞-助動詞	*-*	1	1	1	1
4	と	海原	助詞-名詞	接続助詞-一般	0	0	1	0
5	と	国境	助詞-名詞	接続助詞-一般	0	0	0	1
6	と	山国	助詞-名詞	接続助詞-一般	0	1	0	0

この場合，形態素を表す列名の最初は N で始まる連番が付けられます。

3.6 CSV ファイル（データフレーム）からの解析

前節までは，平文テキストを対象に形態素解析を実行しました。これに対して，アンケートを集計したデータでは，たとえば CSV 形式のファイルで特定の列にテキストが収録されている場合があります。こうしたファイルは，まず最初に，データフレームとして R に取り込みます。

```
> koe <- read.csv("H18koe.csv") # CSV ファイルの読み込み
```

ここで読み込んでいるのは，沖縄県文化観光スポーツ部観光振興課[5]がサイトで公開しているデータで，観光客へのアンケートの自由記述文が収録されています。まず，データを確認してみます。全体で 331 行ありますが，たとえば 42 行目を表示してみます。

```
> koe[42, ]
      opinion                     Region  Sex  Age   Satis
42    島の人がとても親切でした。  中国・四国 女性 50代  やや満足
```

データは 5 列から成り，最初の Opinion 列にアンケートへの回答として

---

[5] http://www.pref.okinawa.jp/site/bunka-sports/kankoshinko/index.html

の自由記述文があります(無回答の場合は空白です)。2列目 Region は居住地域,3列目は性別,4列目は年代,最後の5列目は総じて沖縄観光に満足したかどうかを表すラベルです。このデータフレームの最初の Opinion 列がテキストマイニングの対象となります。

データフレームの列を指定して形態素解析を行うには RMeCabDF() 関数や docMatrixDF() 関数を利用します。あるいは,品詞情報までが必要な場合は,docDF() 関数で実行します。

```
> # データフレームの列を指定して形態素解析
> # koe2 <- RMeCabDF(koe, "opinion")  # RMeCabDF を使って良い
> koe2 <- docMatrixDF(koe$opinion)
to make data frame
> koe2[300:303, 1:6]  # 300-303 行を表示する
           OBS.1  OBS.2  OBS.3  OBS.4  OBS.5  OBS.6
ビデオ         0      0      0      0      0      0
ビル          0      0      0      0      0      0
フード         0      0      0      0      0      0
ファースト      0      0      0      0      0      0
> koe3 <- docDF(koe, column = "opinion", type = 1) #
   品詞情報を求める
number of extracted terms = 2091
now making a data frame. wait a while!
> koe3[300:303, 1:6]
         TERM    POS1    POS2    Row1  Row2  Row3
300   できるだけ    副詞    一般     0     0     0
301   でこぼこ    名詞   サ変接続   0     0     0
302   です       助動詞    *       0     1     0
303   でも       助詞    副助詞    0     0     0
```

解析ではテキストが記録されている列を指定して実行します。上では`RMeCabDF()`関数の部分はコメントアウトして実行していませんが，この関数の出力はリストになります。一方，`docMatrixDF()`関数では，行に形態素を，列には行数（個別の被験者）を取った行列が返されます。`docDF()`関数の場合は，2列目と3列目が品詞情報になります。

3.7 コロケーション

コロケーションとは，単語の結び付きの強さに着目することです。ある単語が，別のある単語と並んで（あるいは近くで）現れるとき，共起すると言います。たとえば，政治家の選挙演説で「国民」の後に「の」を挟んで「皆（さま）」が続くパターンがよく見受けられますが，この場合「国民」と「皆（さま）」は共起していると言います。「国民」という単語に着目すると，その後ろ，あるいは前に出現する単語は多数あるでしょうが，中でも特に頻繁に現れる単語を特定するのがコロケーション分析の目的です。ここで注目する単語のことをノード（node）と言います。そして，ノードを中心に前後何語かの範囲の単語を調べます。この範囲をスパン（span）と言います。

一方，コロケーションから「特に頻繁に現れる」単語を特定するには基準が必要です。共起語の結び付きの強さを表す指標として，TとMIがあります。具体的には以下で求めます（ここでの実測値とは，ある単語と共起した別の単語の頻度です）。[6]

$$T = \frac{実測値 - 期待値}{実測値の平方根}$$

$$MI = \log_2 \frac{共起回数}{共起語の期待値}$$

Tは共起する頻度を，総語数や期待度数で調整した値です。MIでは，共起の頻度をその期待値で割り，さらに2を底にした対数を取った値です。一般にT値は全体での頻度や期待値を考慮するので，総頻度が多くても値

---

[6] これらにも，いくつかの計算方法が提案されています。

が大きくなるとは限りません．Tは絶対値で2を超えた場合，有意に出現回数が偏っていると判断することができます．他方，MI値は低頻度の単語であっても共起関係を抽出できるという特徴があります．

RMeCab パッケージでは collocate() 関数を使って共起語を抽出することができます．鳩山由紀夫元総理大臣の所信表明演説から「国民」をノードとし，スパンを前後3語と指定して実行してみます．付録データのPMフォルダに鳩山元首相の演説テキストがあります．

```
> # コロケーションの抽出
> coll <- collocate("PM/Hatoyama.txt", node = "国民",
span = 3)
> coll2 <- collScores(coll, node = "国民", span = 3)
> head(coll2[order(coll2$T, coll2$MI, decreasing =
TRUE), ])

    Term Before After Span Total        T         MI
40   の       3    45   48   542 3.857234  1.1737874
61   皆さま   0    11   11    13 3.162758  4.4299658
2    、      40     2   42    13 2.858534  0.8392897
95   生活     0     6    6    14 2.225128  3.4485815
118  暮らし   0     4    4     6 1.882235  4.0860114
60   皆       1     2    3     2 1.686723  5.2559364
```

はじめに collocate() 関数にテキスト，ノード，スパンを指定して，共起語の一覧を取得しますが，この結果を coll オブジェクトに代入しておきます．続いて collScores() 関数で，再びノードとスパンを指定して T 値と MI 値を求めます．上の実行例では，この結果を coll2 オブジェクトに保存しています．これを order() 関数で使って降順に並び替えています．order() 関数はやや癖のある関数ですが，引数に指定されたオブジェクトを昇順に並び替えた場合の添字を返します．並び替えた結果そのものを

返すわけではありません．引数には複数のベクトルを指定することができ，指定した順で優先されます．ここではまず T 値で並び替え，その結果について MI 値で並び替えることを指定しています．また，引数 decreasing を指定して，降順で並び替えます．すなわち，上から下に大きい順に並び替えています．そして，最後に head() 関数を使って，冒頭の 6 行だけを表示しています．

「皆さま」の T 値は以下のように計算されます．最初に，「国民」，「皆さま」それぞれの頻度と，テキスト全体のトークン数を調べておきます．

```
> # T 値と MI 値の計算手順を確認
> coll2[coll2$Term == "国民", ] #「国民」の頻度を確認
    Term Before After Span Total      T    MI
68  国民     52     0   52    52     NA    NA
> coll2[coll2$Term == "皆さま", ] #「皆さま」の頻度を確認
    Term Before After Span Total        T        MI
61  皆さま    0    11   11    13 3.162758  4.429966
> tail(coll2, 2)  # 総トークン数を確認
         Term      Before After Span Total    T   MI
127 [[MORPHEMS]]      73    53  126  1456   NA   NA
128 [[TOKENS]]       208   156  364  7948   NA   NA
```

国民の総頻度は 52（Total の列）で，「皆さま」は 13 です．このうち 11 回が「国民」と共起しています．一方，鳩山演説の総トークン数は 7948 です．まず演説全体での「皆さま」の出現割合は 13/7948 = 0.0016 です．ここでコロケーションとして調べているのは 52 回出現した「国民」の前後 3 語ずつ（すなわち 6 語）の範囲です．したがって，52*6 語の中に「皆さま」が登場する期待値は (52*6)*(13/7948) = 0.51 です．ここで言う期待値とは，ある単語が出現する平均的な回数を意味します．

さて，求めた数値を先の式にあてはめます．

$$T = \frac{(11 - 0.51)}{\sqrt{11}} = 3.16$$

一方,「皆さま」の *MI* 値は,「国民」との共起回数 11 と,期待値 0.51 を使って計算されます。

$$MI = \log_2 \frac{11}{0.51} = 4.43$$

T 値も *MI* 値も,他の形態素に比べて高い数値を示しています。「国民」と「皆さま」は共起の度合いが強いと判断することができるでしょう。PM フォルダには他に,野田,菅,麻生,福田,安倍元総理らの所信表明演説が含まれていますので,ここまで作成したコードを応用して,それぞれの頻度や共起情報などを調べてみてください。

なお,共起の強さを測る指標は他にも多数あります。興味のある読者は,相澤・内山(2011)などを参照して下さい。

【用語解説】対数

　たとえば,R の log2() 関数は 2 を底とした対数を求める関数です。2 が底とは,引数で指定した数値が 2 の何乗になっているかを求めることを意味します。たとえば,log2(1) の出力は 0 となりますが,これは 2 の 0 乗(2^0)が 1 と定義されているからです。同様に log2(2) は 1 で,これは 2 の 1 乗が 2 だからです。さらに log2(4) は 2 ですが,2 の自乗(2^2)が 4 です。要するに,2 の右肩に乗る数値が関数の出力になっています。

第4章
日本語作文のテキストマイニング
大学生が書いた作文を例に

> 本章では，独立性の検定や相関分析を用いて，日本語作文データの比較を行います。

1. はじめに

　近年，さまざまなコーパスが整備されてきたこともあって，日本語で書かれた論文や作文の計量的分析が盛んに行われています。こうした分析の目的の1つに，出現語彙の分布からテキストの差異を確認したり，ジャンルを判定することが挙げられます。たとえば，村田(2000)および村田(2007)は，5つのジャンル(経済学教科書，物理学論文，工学論文，文学作品，新聞社説)からサンプリングした文章を対象とし，論述文の論理構造を支える接続語句・助詞相当句の出現率を調査しました。その結果，異なるジャンルの文章を判別するにあたって，それらの接続語句・助詞相当句が有効な指標となると報告しています。また，中尾(2012)は，国語学の論文と国文学の論文における高頻度な接続表現と文末表現を比較し，いくつかの文末表現が2つの分野を判別する指標になると報告しています。そして，望月(2009)は，中国語母語話者による日本語作文コーパスを用いて，自動詞／他動詞，使役形，受動形，可能形などの誤用に焦点を当て，日本語学習における中国語からの母語干渉の要因とパターンを明らかにしました。

　本章では，独立性の検定や相関分析を用いて，大学生が書いた日本語作文データを対象として，与えられた作文テーマが使用語彙の頻度に影響を与え

ているかを分析します。

2. 分析データ

ここで用いるデータは，ICNALE (International Corpus Network of Asian Learners of English)[1] というプロジェクトで構築された CJEJUS (Corpus of Japanese Essays Written by Japanese University Students) です。ここでは，石川ほか (2010) の付属 CD-ROM に収録されたバージョンを用いています。作文テーマは「大学生のアルバイト」と「レストラン全面禁煙」の 2 つで，それぞれ 25 本ずつ (合計 50 本) の作文データが収録されています。

作文テーマによって，文章中で使用される語彙の頻度に何らかの差があるのではないでしょうか。本章では，上記の作文データを用いて，この仮説を検証します。なお，この作文データを入手するには，石川ほか (2010) を購入するか，ICNALE のウェブサイトからデータをダウンロードするかしてください。[2]

データの前処理として，「大学生のアルバイト」について書かれた 25 本の作文を 1 つのファイルに結合し，同様に，「レストラン全面禁煙」について書かれた 25 本の作文も結合します。さまざまな結合方法がありますが，Windows 環境の場合は，MS-DOS のコマンドを使用することができます。C ドライブの Users/ ユーザー名 /Documents/data/A フォルダに CJEJUS の 50 ファイルが入っている場合，スタートメニューの「すべてのプログラム」から「アクセサリ」を選び，その中にある「コマンドプロンプト」を起動します。そして，cd コマンドで C:/Users/ ユーザー名 /Documents/data/A フォルダに移動し，copy コマンドでファイルを結合します。

---

[1] http://language.sakura.ne.jp/icnale/
[2] ただし，ICNALE のウェブサイトからダウンロードできるデータは，今後バージョンアップにともなってデータセットが変わったり，公開が中止される可能性もあります。

第 4 章　日本語作文のテキストマイニング　89

```
> cd /d   C:¥Users¥ユーザー名¥Documents¥data¥A
copy cjejus_ptj_*.txt   ptj_all.txt
copy cjejus_smk_*.txt   smk_all.txt
```

また，Mac 環境では，「アプリケーション」の「ユーティリティ」の中にある「ターミナル」を起動します。ホームの直下に A というフォルダがある場合は，cd コマンドでそこに移動し，cat コマンドでファイルを結合します。

```
> cd A
> cat cjejus_ptj_*.txt > ptj_all.txt
> cat cjejus_smk_*.txt > smk_all.txt
```

以上の処理を実行すると，A というフォルダの中に ptj_all.txt と smk_all.txt という新しいファイルが生成されるはずです（他の 50 個のファイルも A フォルダに残っています）。以下，本章では，これら 2 つのファイルを分析対象とします。

3. 独立性の検定

　まず，複数のテキストにおける頻度の差が偶然によるものか，それとも意味のある差なのかを推測する仮説検定について紹介します。頻度差の場合，統計学で独立性の検定と言われる方法が主に適用されます。
　ここで，検定と言われる方法の手順について，簡単に説明しておきましょう。データ調査では，該当する集団全体を調べる場合と，その一部を対象とする場合があります。対象となる集団全体を母集団と言います。また，母集団の一部を調査したデータを標本と言います。言語研究では，書き言葉と話し言葉における語彙頻度の差を調べたり，母語話者と非母語話者による言語的特徴を比較したりすることがあります。しかしながら，「現代日本語の書

き言葉」や「日本語の非母語話者」という母集団すべてを調査すること（全数調査）は事実上不可能です。そこで、すでに公開されている現代書き言葉コーパスを使用したり、特定の大学に在籍する留学生が書いた日本語作文のデータを収集したりすることになります（標本調査）。

　計量的な言語研究で単語の頻度を比較する際、「書き言葉と比べて、話し言葉では『あなた』や『君』のような2人称の代名詞が多く使われる」や「上級の日本語学習者は、初級の学習者よりも漢語を多く使う」のように、標本から得られた分析結果を母集団の性質として一般化したい場合が多いでしょう。統計学的に言い換えると、前者は、「書き言葉」というカテゴリーと「話し言葉」というカテゴリーがある場合、それぞれにおいて代名詞が使われる頻度は異なるという仮説にあたります。後者は、「上級」というカテゴリーと「初級」というカテゴリーでは、漢語の使用頻度が異なるという仮説になります。この仮説の確からしさを調べるのが検定です。

　仮説検定では、最初に2つの仮説を立てます。まず、カテゴリーによって差はない、あるいはカテゴリーに効果はないという仮説で、これを帰無仮説と言います。本章の例では「異なるテーマで書かれた作文における使用語彙の頻度に差はない」が帰無仮説となります。これに対して、カテゴリーによって差がある、あるいはカテゴリーの効果があるとするのが対立仮説です。本章では、「異なるテーマで書かれた作文における使用語彙の頻度に差はある」が対立仮説となります。そして、統計学的な検定では、帰無仮説、つまり差がないという条件のもとで、調査データが得られる確からしさ（確率）を求めます。この確率は、差の大きさを示す数値から求めますが、これを検定統計量と言います。この確率が高い場合、帰無仮説を否定する根拠はありません。一方、確率が低い場合、帰無仮説を支持できないとして、対立仮説を採択します。これが仮説検定の手続きです。頻度の差の検定では、実際に得られた頻度（実測値）と、「差がない」と仮定した場合の理論的な頻度（期待値）との差の大きさを確率的に判断します。この際、確率が高いか低いかの判断基準は、分析の前に決めておきます。これを有意水準と言います。

　ここまでを要約すると、仮説検定の手順は、おおむね以下のとおりです。

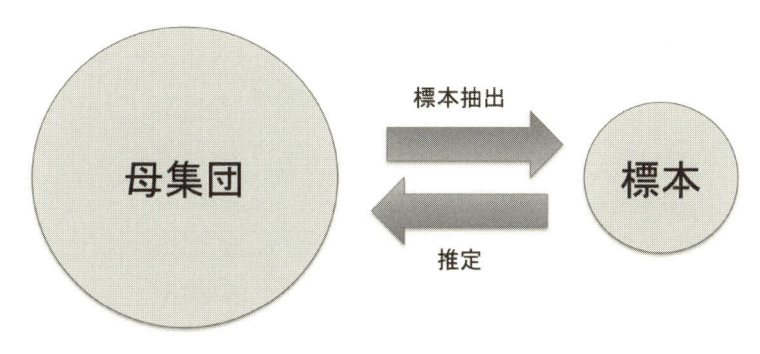

図4.1　仮説検定における母集団と標本

(1) カテゴリー間に「差がない」という仮説(帰無仮説)を立てる
(2) 判断の基準となる値(有意水準)を決める
(3) 実測値と期待値の差の大きさを評価するための検定統計量と確率を求める
(4) 計算された検定統計量に基づく確率と有意水準を比較し，帰無仮説が棄却できるか否かを調べる
(5) 帰無仮説が棄却されれば，「有意差あり」という対立仮説を採択する

　Rのような統計ソフトを用いる場合，検定統計量は自動的に計算されますが，有意水準は分析者が自分で決めなければなりません。一般的には，0.05，0.01，あるいは0.001に設定されます。ただし，検定は，あくまで「推測」であり，何らかの誤りを含んでいる可能性があります。有意水準を大きな値にすると，「本当は差がないのに，差がある」と判定する誤り(第1種の誤り)の可能性が増え，逆に有意水準を小さな値にすると，「本当は差があるのに，差がない」と判定する誤り(第2種の誤り)の可能性が増えてしまいます。

　では，実際にRを使った処理を紹介します。最初に，**RMeCab**パッケージのdocDF()関数(→第3章)を使って，ptj_all.txtとsmk_all.txtにおける

語彙頻度を集計します。[3] その際，これら 2 つのファイルは，C ドライブの A というフォルダにあり，それ以外のファイルが同じフォルダにないことを確認してください。[4]

```
> library(RMeCab) # 頻度集計を行う関数の準備
> # 作業スペースの移動(第 2 章参照)
> setwd("C:/Users/ユーザー名/Documents/data")
> dm <- docDF("A", type = 1) # 頻度行列の作成
```

ここでは，例として，2 つのデータにおける「アルバイト」と「喫煙」という単語の頻度を比較することにします。これらの単語の頻度を調べるには，grep() 関数(→第 3 章)を使います。前述のように，ここでの帰無仮説は「異なるテーマで書かれた作文における使用語彙の頻度に差はない」，対立仮説は「異なるテーマで書かれた作文における使用語彙の頻度に差はある」です。

```
> dm[grep("^(アルバイト|喫煙)$", dm$TERM), ]
        TERM   POS1   POS2   ptj_all.txt   smk_all.txt
355   アルバイト   名詞   サ変接続        157            12
621     喫煙    名詞   サ変接続          3           146
```

これら 2 つの単語は，前述のように，CJEJUS の作文テーマと密接に関わるものです。そして，上記の結果から 2 つのデータにおける「アルバイト」と「喫煙」の頻度の分割表を作ると，表 4.1 のようになります。

---

[3] 全ての品詞を対象とするのではなく，特定の品詞のみを対象とする場合は，dm <- docDF("A", type = 1, pos = "名詞") のように，docDF() 関数の引数 pos で指定します。

[4] A フォルダに元々あった 50 個のファイルを別の場所に移動し，A フォルダには ptj_all.txt と smk_all.txt の 2 つのファイルだけが保存されている状態にします。

第4章　日本語作文のテキストマイニング　93

表4.1　「アルバイト」と「喫煙」の頻度

	ptj_all.txt	smk_all.txt
アルバイト	157	12
喫煙	3	146

　Rに表4.1のデータを読み込むには，matrix()関数を使います．引数nrowでデータの行数を指定し，引数byrowでベクトルの数値を行方向から読み込むか，列方向から読み込むかを指定します．この場合，「〜語あたり」のような相対頻度ではなく，データにおける実際の頻度を使うことに注意しましょう．

```
> dat <- matrix(c(157, 12, 3, 146), nrow = 2, byrow =
TRUE)  # 行列の作成
> dat  # データの確認
     [,1]   [,2]
[1,]  157    12
[2,]    3   146
```

　このデータに対して，独立性の検定を行なってみましょう．これは，一般的にカイ自乗検定とも呼ばれています．カイ自乗検定では，実際に観測された頻度（実測値）と帰無仮説が正しい場合に得られる理論的な頻度（期待値）の差に注目します．そして，誤差の範囲を考慮に入れた上で，実測値と期待値の大きさが充分に離れているかを判断します（東京大学教養学部統計学教室1991）．
　カイ自乗検定では，差を表す検定統計量がカイ自乗分布にしたがうことを利用して，データから得られた統計量の確からしさを求めます．確からしさが疑わしい場合（たとえば，確率が0.05未満の場合）は，帰無仮説を棄却し，対立仮説を採択します．カイ自乗分布は，図4.2のようなグラフになります．この図では，横軸がカイ自乗値に対応していて，0.72から右の部分の面積が0.39となります．この意味は，カイ自乗値が0.72より大きくなる割

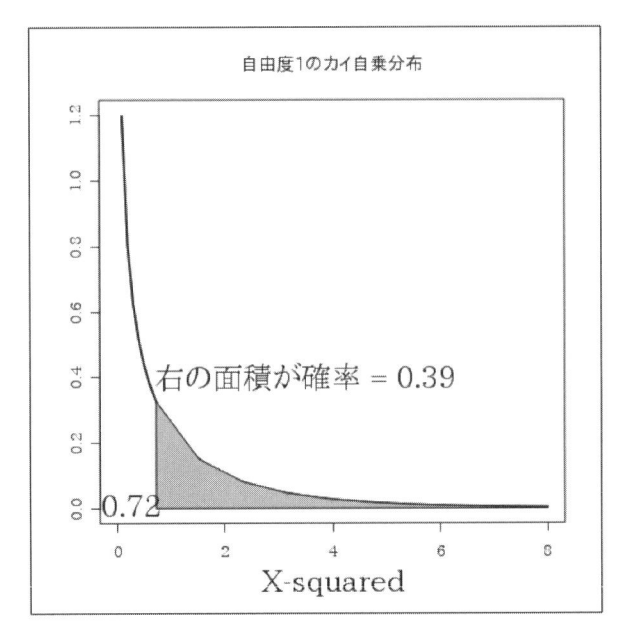

図4.2　自由度1のカイ自乗分布

合が39%あるということです．また，カイ自乗分布の形状は，自由度によって変わります．そして，自由度1の分割表から求めた検定統計量は，自由度1のカイ自乗分布にしたがいます．

　Rでカイ自乗検定を行うには，`chisq.test()`関数を使います．[5] そして，以下の分析で用いる有意水準は，0.1%とします．

---

[5] なお，Rで2行2列の頻度表にカイ自乗検定を行うと，自動的にイェーツの補正が適用されます．カイ自乗検定は，連続量を基準にしています．これに対して，頻度表のデータは整数です．このギャップを埋めるのがイェーツの補正です．補正を行わない場合は，引数`correct`で`FALSE`を指定します．

```
> chisq.test(dat)    # カイ自乗検定

        Pearson's Chi-squared test with Yates'
        continuity correction

data:  dat
X-squared = 258.0247, df = 1, p-value < 2.2e-16
```

　chisq.test()関数の結果のうち，dataは検定に使用したデータの名前，X-squaredは検定統計量，dfは自由度(→第2章)，p-valueは有意確率をそれぞれ表しています。また，上記の2.2e-16は浮動小数点表示で，2.2に10の-16乗を掛けた値(あるいは，2.2の間にある小数点を左へ16桁移動した数値)に対応します。すなわち，ほぼ0とみなして構わないほどに小さな数値です。そして，この結果におけるp-valueが0.001よりも小さいことから，2つのデータにおける「アルバイト」と「喫煙」の頻度に0.1%水準で有意差があることが分かります。

　因みに，以下の手順で，カイ自乗検定で計算された期待値を確認することができます。

```
> dat.chi <- chisq.test(dat)
> dat.chi$expected   # 期待値の確認
        [,1]     [,2]
[1,] 85.03145 83.96855
[2,] 74.96855 74.03145
```

　なお，期待値(あるいは実測値)に5未満の値が含まれている場合，カイ自乗検定の結果は信頼性に欠けます。この場合，フィッシャーの正確確率検

定を使うことが望ましいです。[6]

Rでフィッシャーの正確確率検定を行うには，fisher.test() 関数を使います。

```
> fisher.test(dat) # フィッシャーの正確確率検定

        Fisher's Exact Test for Count Data

data:  dat
p-value < 2.2e-16
alternative hypothesis: true odds ratio is not equal
to 1
95 percent confidence interval:
  165.7248 3839.6993
sample estimates:
odds ratio
  597.5146
```

fisher.test() 関数の結果のうち，data は検定に使用したデータの名前，p-value は標本データの得られる確率，alternative hypothesis は対立仮説，95 percent confidence interval は 95％信頼区間，sample estimates はオッズ比をそれぞれ表しています。信頼区間は実測値とその誤差を表し，オッズ比は「事象 A の起こりやすさ」と「事象 B の起こりやすさ」の比と定義されます。

ここまでは，分析者が検定の対象とする単語（アルバイト，喫煙など）をあらかじめ決めていました。これは，分析者の仮説を統計的に検証するアプローチと言えます。しかし，実際の分析では，どの単語に注目すればよいか

---

[6] カイ自乗検定およびフィッシャーの正確確率検定の長所と短所については，山田 (2010) などを参照してください。

が事前に分かっているとは限りません。そのような場合は，データに生起するすべての単語について，検定統計量の大きい（比較したテキスト間で頻度の差が大きい）単語を探索することがあります。以下は，カイ自乗値を用いた例です。

```
> # 細分類を無視して形態素の語形で統合
> dm1 <- aggregate(dm[, -(1:3)], dm[1], sum) # dm は前段で作成済み
> # 形態素列を行名に変更して削除
> rownames(dm1) <- dm1[, 1] # 数値ではない列(形態素)を列名に
> dm2 <- dm1[, -1]
> # 列合計を計算
> dmSum <- colSums(dm2)
> # 単語ごとにカイ自乗値を返す関数を用意
> source("chiCheck.R") # 本書のスクリプトを読み込む
> dmVec <- apply(dm2, 1, chiCheck)
> # ソートして，統計量上位 50 位までを表示
> head(sort(dmVec, decreasing = T), 50)
      喫煙     アルバイト        禁煙     レストラン
 133.694203    127.139557    97.965430    93.814287
       者          大学生         煙草          完全
  64.200933     63.458518    55.049297    51.212366
      行う           吸う          煙          重要
  41.650833     40.537477    31.918124    31.849308
       席           経験         自分          こと
  30.434519     27.451718    27.451718    27.332697
      勉強           得る         社会         タバコ
  24.401079     21.833017    21.617717    20.619769
     すべて         できる         健康          学生
  20.356614     20.192829    19.639659    18.847714
```

事	店	大学	にとって
17.676435	17.502202	17.002817	16.485266
学業	お金	べし	活動
16.433609	16.080250	15.437980	15.413571
食事	学ぶ	働く	分煙
14.744523	14.394075	14.310050	13.735694
さ	権利	金銭	責任
13.361860	11.813565	11.339783	11.339783
全て	稼ぐ	匂い	家
10.954436	10.595280	9.863735	9.131102
分ける	や	非	場
8.890636	8.662667	8.423291	7.919180
(	)		
7.910120	7.910120		

上記の出力は，検定統計量の大きい順になっているため，上位にある単語ほど，分析対象としたテキスト間における頻度の差が大きいことを表しています。

4. 相関分析

最後に，相関分析を用いて複数の語彙表を比較する方法を紹介します。相関分析とは，複数の変数がどの程度の強さで相互に関係しているか，つまり，一方が変化すると他方もそれにつれて変化するという直線的な関係がどの程度の強さで見られるかを調べる方法です。たとえば，気温をx軸に，ビールの売上をy軸に取ると，気温が上がる（x軸の右に近づく）につれて，ビールの売上も上がる（y軸の上に近づく）でしょう。計量的な言語研究において，相関分析は，頻度から見た単語と単語の相互関係や，文章の書き手とテキストの言語的特徴の関係性の把握など，さまざまな目的で使用されています（中尾 2010）。相関の強さを表す指標として，相関係数があります。一

般に相関係数という場合，ピアソンの積率相関係数を意味します．また，それ以外にスピアマンの順位相関係数という指標もあります．順位相関は，データに外れ値(→第2章)がある場合，あるいは離散的な数値の場合に適用されます．

Rで相関分析を行うには，cor()関数を使います．以下の例では，ピアソンの積率相関係数を使って，ptj_all.txtの語彙表とsmk_all.txtの語彙表を比較しています．[7]

```
> # ピアソンの積率相関係数の計算(dm は前段で作成済み)
> cor(dm$ptj_all.txt, dm$smk_all.txt, method = "pearson")
[1] 0.9194513
```

相関係数は，-1から1の範囲を取り，0に近いとほとんど相関がなく，1に近いと正の相関が強く，-1に近いと負の相関が強いことを意味します．また，一般に，相関係数の絶対値が0.7より大きければ「強い相関」が，0.4より大きければ「中程度の相関」が，0.2よりも小さければ「弱い相関」があると見なされます(これは目安であって，絶対的な基準ではありません)．上記の例では，計算された相関係数が0.9以上であるため，2つの語彙表がかなり強い正の相関を持っていることが分かります．つまり，作文テーマの異なる作文であったとしても，全体としての使用語彙は非常に類似しているということです．

5. まとめ

本章では，独立性の検定や相関分析を用いて，日本語の作文データの比較を行いました．これらの手法は，非常に基本的なものですが，アイデア次第

---

[7] スピアマンの順位相関係数を求めるには，cor()関数の引数methodで"spearman"を指定します．

でさまざまな分析に応用することができます。たとえば，母語話者が書いた文章と非母語話者が書いた文章を比較すれば，両者の言語使用に関する違いを明らかにすることができます。[8] また，書き言葉コーパスと話し言葉コーパスを比較すれば，それらの言語産出モードにおける言語使用の差に光を当てることができるでしょう。

---

8 日本語学習者の作文や発話を集めたデータ (学習者コーパス) に関しては，李ほか(2012)などを参照してください。

第5章
政治的談話のテキストマイニング
所信表明演説を例に

> 本章では，対応分析とクラスター分析という教師なし学習法を用いて，歴代総理大臣による所信表明演説のクラスタリングを行います。

1. はじめに

　批判的談話分析や文体研究の分野では，しばしば政治的談話の分析がなされてきました。これらの研究の目的の1つは，政治家の言葉を分析することで，彼らの政治的立場や言語的特徴を明らかにすることにあります。また，通時的な視点に立って，時代による言語表現一般の変化を分析することもあります。

　たとえば，東 (2006, 2007, 2010) では，歴代総理大臣による言語使用を通時的に分析し，演説における「～あります」の頻度が戦後著しく減少していること，逆に「国民」の頻度が増加していることなどを示しています。そして，「ウチ」から「ソト」へ，「リポート」から「ラポート」へというコード・スイッチングなどに注目し，個々の演説を社会言語学的に分析しました。

　一方，鈴木・影浦 (2008) は，1945年から2006年までの総理大臣27人の演説における文の長さ，助詞と助動詞の頻度を調査しました。その結果，文の長さ (文に含まれる単語数などを表し，文長とも言います) に関して時代の影響が示唆されること，助詞・助動詞使用に関して時代による影響が大きいこと，そして総理大臣ごとの違いも，それぞれの演説から計量的に観察され

ることの3点が明らかにされました。

また，英語圏の政治家の談話を統計的に解析した研究としては，歴代アメリカ大統領就任演説の対応分析を行った田畑（2010），2004年のアメリカ大統領選挙討論会におけるジョージ・ブッシュとジョン・F・ケリーの特徴語を抽出した石川（2005），イギリス初の女性首相であったマーガレット・サッチャーのレトリックを通時的に分析した小林（2008）などが挙げられます。

本章では，対応分析とクラスター分析という教師なし学習法を用いて，2000年以降の歴代総理大臣による所信表明演説のクラスタリング（グルーピング）を行います。

2. 分析データ

ここで用意したデータは，8人の総理大臣による合計13回の所信表明演説を書き起こしたものです（表5.1）。これらのデータは，首相官邸のウェブサイトからダウンロードし，見出しなどの本文以外の情報を手作業で取り除いてあります。

表 5.1 分析データ

総理大臣	所属政党	演説の日時
森喜朗(1)	自由民主党	第 149 回国会(2000 年 7 月 28 日)
森喜朗(2)	自由民主党	第 150 回国会(2000 年 9 月 21 日)
小泉純一郎(1)	自由民主党	第 151 回国会(2001 年 5 月 7 日)
小泉純一郎(2)	自由民主党	第 161 回国会(2004 年 10 月 12 日)
小泉純一郎(3)	自由民主党	第 163 回国会(2005 年 9 月 26 日)
安倍晋三(1)	自由民主党	第 165 回国会(2006 年 9 月 29 日)
安倍晋三(2)	自由民主党	第 168 回国会(2007 年 9 月 10 日)
福田康夫	自由民主党	第 168 回国会(2007 年 10 月 1 日)
麻生太郎	自由民主党	第 169 回国会(2008 年 9 月 29 日)
鳩山由紀夫	民主党	第 173 回国会(2009 年 10 月 26 日)
菅直人(1)	民主党	第 174 回国会(2010 年 6 月 11 日)
菅直人(2)	民主党	第 176 回国会(2010 年 10 月 1 日)
野田佳彦	民主党	第 178 回国会(2011 年 9 月 13 日)

3. 分割表の用意

　本章における所信表明演説のクラスタリングに使うデータは，名詞と形容詞からなる n-gram の分割表です．つまり，[名詞 - 名詞]，[名詞 - 形容詞]，[形容詞 - 名詞]，[形容詞 - 形容詞] のいずれかの形を取る 2 語の連鎖の頻度をデータとします．n-gram の抽出にあたっては，**RMeCab** パッケージの docNgram2() 関数(→第 3 章)を用いました．なお，形態素解析の誤りなどの修正は行っていません．そして，データセット全体における生起頻度が 5 以上の n-gram (484 種類)を分析対象としました．さらに，個々の演説の総語数が異なるため，1000 語あたりの相対頻度に変換しました(表 5.2)．「1000 語あたりの相対頻度」とは，観測頻度を当該テキストの総語数で割り，1000 をかけたものです．

表 5.2 名詞と形容詞からなる n-gram（一部）

	森_1	森_2	小泉_1	小泉_2	小泉_3	安倍_1	安倍_2	福田	麻生	鳩山	菅_1	菅_2	野田
[社会-保障]	1.11	1.22	0.74	0.72	0.34	0.59	0.33	1.01	0.52	0.13	2.80	2.57	0.98
[二-十]	2.60	4.22	1.98	0.00	0.00	0.00	0.00	0.00	0.00	0.00	0.74	0.51	0.33
[十-一]	2.41	3.94	1.98	0.00	0.00	0.00	0.00	0.00	0.00	0.00	0.00	0.26	0.49
[一-世紀]	2.23	3.81	1.98	0.00	0.00	0.00	0.00	0.00	0.00	0.00	0.00	0.26	0.16
[構造-改革]	0.56	0.82	5.19	0.96	2.03	0.20	0.33	0.75	0.00	0.00	0.00	0.00	0.00
[積極-的]	1.11	0.95	1.23	0.72	0.68	0.99	0.00	0.50	0.00	0.88	0.59	0.26	0.49
[国民-皆様]	1.30	0.54	0.00	0.00	0.00	0.59	3.00	2.01	0.26	0.88	0.00	0.00	0.82
[日-米]	0.37	0.41	1.23	0.24	0.34	0.79	0.00	0.75	1.05	0.63	0.59	2.5	0.65
[国際-社会]	0.37	0.27	0.99	0.96	1.35	0.59	1.00	1.76	0.26	0.25	0.44	1.03	0.65
…	…	…	…	…	…	…	…	…	…	…	…	…	…
[力-強化]	0.00	0.14	0.00	0.24	0.00	0.20	0.00	0.25	0.00	0.00	0.00	0.26	0.00

この表のデータが ShoshinHyomei.txt というタブ区切りのテキストファイル（本書の付録データに収録しています）として作業スペースに保存されている場合，以下の手順でデータを読み込みます．

```
> # データの読み込み（なお，引数については第 2 章を参照）
> dat <- read.delim("ShoshinHyomei.txt", row.names = 1, header = TRUE)
```

データの概要を見るには，summary() 関数を使います．その際，行ごとにデータ（n-gram）の情報を表示するためには，t() 関数を使って，表 5.2 の行列を転置します．

```
> # データの概要
> summary(t(dat))
```

第 5 章　政治的談話のテキストマイニング　105

すると，以下のような結果が得られます。一番左の列を見ると，13 種類の演説における [社会 - 保障] という n-gram の相対頻度の最小値 (Min.) が 0.1263 で，第 1 四分位点 (1st Qu.) が 0.5240，中央値 (Median) が 0.7407，平均値 (Mean) が 1.0046，第 3 四分位点 (3rd Qu.) が 1.1138，最大値 (Max.) が 2.7958 であることなどが分かります。なお，summary() 関数の出力の読み方に関しては，第 2 章も参照してください。

```
[社会-保障]            [二-十]                [十-一]
Min.    :0.1263   Min     :0.0000    Min.    :0.0000
1st Qu. :0.5240   1st Qu. :0.0000    1st Qu. :0.0000
Median  :0.7407   Median  :0.0000    Median  :0.0000
Mean    :1.0046   Mean    :0.7975    Mean    :0.6985
3rd Qu. :1.1138   3rd Qu. :0.7357    3rd Qu. :0.4910
Max.    :2.7958   Max.    :4.2165    Max.    :3.9445
 (省略)
```

4. 対応分析によるクラスタリング

　前述のように，本章では，教師なし学習法を用いて，歴代総理大臣の所信表明演説のクラスタリングを行います。ここで言う「教師なし」というのは，統計的な分類を行うにあたって，テキストが分類されるカテゴリー（目的変数）があらかじめ決められていないということです。教師なし学習法では，変数として与えられた数量を手がかりに，それぞれのテキストが他のどのテキストと似ているかに注目し，いくつかのグループ（クラスター）を作っていきます。主な教師なし学習法には，本章で扱う対応分析やクラスター分析，第 6 章で扱う多次元尺度法などがあります。これに対して，線形判別分析やサポートベクターマシン (→第 8 章) のような教師あり学習法では，テキストが分類されるカテゴリー（目的変数）があらかじめ決められています。

まずは，対応分析によるクラスタリングを行います．対応分析とは，頻度表に含まれる情報を少数の次元（成分）に圧縮する手法です．たとえば，2つの次元にデータを圧縮すると，それぞれをグラフのx軸とy軸に取り，散布図としてデータの関係を直感的に解釈することが可能になります（金 2007, 小林 2010a）．

対応分析の原理は，表 5.2 のような分割表が与えられた場合，行のカテゴリーと列のカテゴリーで関連の強さを測り，これをより強調して表現することです．関連の強さを強調するというのは，統計的には相関係数（→第 4 章）を最大化することを意味します．そのために，表 5.2 の「社会 - 保証」～「力 - 強化」という行のカテゴリー，「森_1」～「野田」という列のカテゴリーのそれぞれに何らかの数値を割り振ります．これには，固有値分解などの行列計算が使われます．そして，行と列それぞれの水準の相関は，正準相関係数という数値で表されます．また，Rでは，正準相関係数から元データの情報をどれだけ反映しているかを調べることができます（これを寄与率と言います）．なお，正準相関係数は，行列計算の過程で求められる固有値の平方根に対応します．また，固有値に対応して，固有ベクトルという数値が求められます．これに基づいて，行と列それぞれのデータの関係を座標として表すことができます．これを得点と言います．

Rで対応分析を行うには，**MASS** パッケージの corresp() 関数を使います．以下の例では，引数 nf を使って，対応分析で求める次元の数を 2 に指定しています．

```
> # 対応分析
> library(MASS)  # 対応分析を行う関数の準備
> ca <- corresp(dat, nf = 2)
```

対応分析の解析結果（ca）を実行すると，行（演説）や列（n-gram）に与えられた得点の一覧を見ることができます．以下の出力における Row scores と Column scores は，それぞれ列得点と行得点を表しています．

```
> # 対応分析の結果
> ca
First canonical correlation(s): 0.6043124  0.5729829

 Row scores:
                 [,1]           [,2]
[社会 - 保障]   0.559478558    0.814385400
[二 - 十]       1.827936701   -1.276207082
[十 - 一]       1.844662361   -1.605735621
[一 - 世紀]     1.897488390   -1.700871295
[構造 - 改革]   0.318002410   -1.374504905
  (省略)
 Column scores:
                 [,1]           [,2]
森_1           1.41159514    -1.2674725
森_2           1.44770022    -1.1154515
小泉_1         0.41017009    -0.9061301
小泉_2        -1.15140349    -0.4767129
小泉_3        -2.09580253    -0.9483368
安倍_1        -0.78994964    -0.1092916
安倍_2        -0.66898352     0.1663876
福田          -0.58270879     0.1771813
麻生          -0.39377960     1.0725267
鳩山          -0.05861109     0.3509126
菅_1           0.63672943     1.2477518
菅_2           0.78932273     2.0228324
野田          -0.01425882     0.7623110
```

各次元の固有値(その次元によって説明される元データの情報の割合で,

正準相関の2乗に等しい)と寄与率(固有値を百分率に換算した値)は,以下のように求めることができます。なお,round()関数を使うと,任意の桁数まで数値を丸めて表示することができます。

```
> # 固有値
> ca.eig <- ca$cor^2 # 正準相関の2乗
> round(ca.eig, 4) # 小数点以下4桁までを表示
[1] 0.3652  0.3283
> # 寄与率の算出
> (cntr <- round(100 * ca.eig / sum(ca.eig), 2))
[1] 52.66  47.34
```

そして,対応分析から求めた列(個々の演説)の得点を使って散布図を作成し,結果を視覚的に見てみましょう。

```
> # 演説の類似関係の視覚化
> # 枠の描画(スクリプトの解説を参照)
> plot(ca$cscore[, 1], ca$cscore[, 2], type = "n",
xlab = "Dim 1", ylab = "Dim 2")
> # 原点を交差する破線を描画
> abline(h = 0, lty = "dotted"); abline(v = 0, lty = "dotted")
> # ラベルの描画
> text(ca$cscore, labels = rownames(ca$cscore))
```

上記のコードを実行すると,図5.1のような散布図が得られます。この図において,近くにプロットされている演説は類似した性質を持っていて,遠くにプロットされている演説は異なった性質を持っています。この図を見ると,下方に森と小泉が,中央の原点付近に安倍と福田が,そして,上方に向かって,麻生,鳩山,菅,野田が位置していることが分かります。つまり,

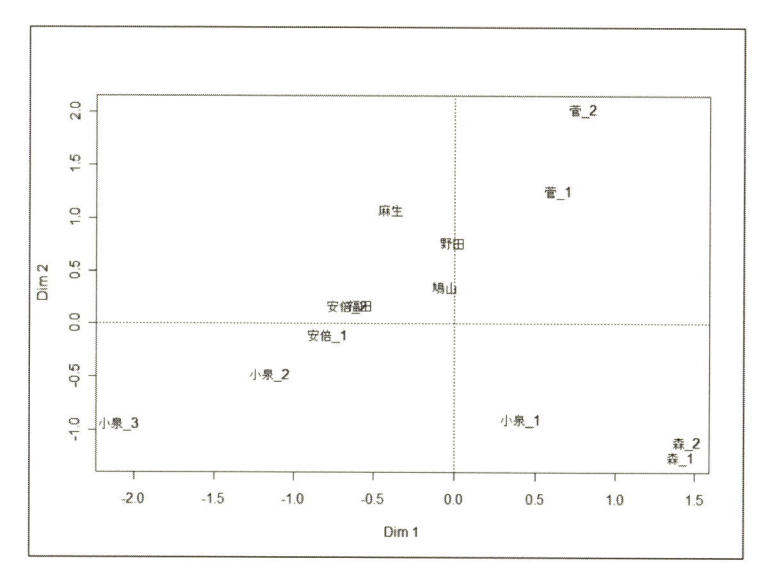

図5.1 所信表明演説の対応分析

縦軸（第2次元）に時系列の変化が大まかに表れていると見ることができます。

図 5.1 では，列の得点（ca$cscore）に基づいて，演説間の類似関係を示しました。同様に，行の得点（ca$rscore）に基づいて，n-gram 間の類似関係を視覚化することもできます。大まかに言って，第 2 次元の得点が高い n-gram は，同じく第 2 次元の得点が高い演説と密接な関係にあると言えます。

また，biplot() 関数を用いて，演説と n-gram を 1 つの散布図（バイプロット）に描画することも可能です。[1] ただ，本章のデータには 484 種類の n-gram が含まれていて，それらをプロットした図を人間の目で分析するこ

---

[1] バイプロットでは，列データ（ここでは演説）と行データ（ここでは n-gram）を 1 つの散布図に重ねて表示します。したがって，データ数が少ない場合は，列データと行データの関係を直感的に把握することができます。R の biplot() 関数を用いるにあたっては，矢野（2011）にある注意点に留意してください。

とは容易ではありません。したがって，ここでは，コードのみを提示するにとどめて，結果として得られる散布図は省略します。

```
> # n-gram の類似関係の視覚化
> # 枠の描画(スクリプトの解説を参照)
> plot(ca$rscore[, 1], ca$rscore[, 2], type = "n",
xlab = "Dim 1", ylab = "Dim 2")
> abline(h = 0, lty = "dotted"); abline(v = 0, lty =
"dotted")
> # ラベルの描画
> text(ca$rscore, labels = rownames(ca$rscore))
>
> # バイプロットの作成
> biplot(ca)
```

では，縦軸の上と下に位置する n-gram を確認してみましょう。図 5.1 との対応関係からも分かるように，第 2 次元の値が大きいものは近年の総理大臣（菅直人，野田佳彦など）の演説に顕著な n-gram で，値が小さいものは 2000 年代初頭の総理大臣（森喜朗，小泉純一郎など）の演説に顕著な n-gram です。これらは，当時の世相を反映する語彙であると考えられます。

```
> # 第 2 次元の値が大きい n-gram
> head(ca$rscore[order(ca$rscore[,2] , decreasing =
TRUE),], 10)
                    [,1]      [,2]
[ 成長 - 雇用 ]     1.2745045 3.360824
[ 国会 - 議員 ]     1.1319124 3.023583
[ 来年度 - 予算 ]   0.8846091 2.930128
[ 重要 - 政策 ]     0.8933269 2.872634
[ 主権 - 改革 ]     0.9336731 2.843038
```

```
[保障 - 改革]         1.2622896    2.832458
[三 - 段階]           0.3173666    2.692705
[政策 - 課題]         1.0979289    2.657278
[日 - 中]             1.0582795    2.551515
[成長 - 戦略]         0.6869083    2.497557
> # 第2次元の値が小さい n-gram
> head(ca$rscore[order(ca$rscore[,2]),], 10)
                      [,1]         [,2]
[新生 - 日本]         2.335870    -2.212060
[心 - 豊か]           2.343506    -2.178149
[経済 - 新生]         2.345120    -2.170984
[新生 - プラン]       2.347598    -2.159979
[日本 - 新生]         2.354869    -2.127689
[沖縄 - サミット]     2.357059    -2.117966
[九州 - 沖縄]         2.357059    -2.117966
[ＩＴ - 革命]         2.361135    -2.099865
[十 - 世紀]           2.367153    -2.073140
[情報 - 化]           2.367153    -2.073140
```

5. クラスター分析によるクラスタリング

　次に，クラスター分析によるクラスタリングを行います。クラスター分析とは，個々のデータの類似度（あるいは非類似度）を距離として表現し，距離の近いデータ同士をまとめてクラスターを作っていく手法です（金 2007）。クラスター分析には，階層的手法と非階層的手法の2つがあります。階層的手法とは，類似する個体を個別にまとめながら，クラスターに分けていく方法です。「階層的」という理由は，各個体がばらばらで分類されていない状態から，少数のクラスターを次々と形成していき，最終的にはすべての個体を包括する大きなクラスターを形成していくことから呼ばれています。こ

れに対して，非階層的手法では，あらかじめ定めたクラスター数に個体を割り振るという試行を繰り返し，最終的に類似する個体から成る複数のグループを形成します。ここでは，階層的クラスター分析を扱います。

Rでクラスター分析を行うには，dist()関数とhclust()関数を使います。クラスター分析では，個体間の非類似度を測定するのにどのような距離を用いるか(個体間の距離の計算方法)，そして，どのようにクラスターを作るか(クラスター間の距離の計算方法)を指定する必要があります。前者をdist()関数で求めますが，個体間の距離の計算方法には，差の自乗和の平方根であるユークリッド距離(euclidean)，差の絶対値の総和であるマンハッタン距離(manhattan)，差の最大の絶対値である最長距離(maximum)，一般化されたユークリッド距離であるミンコフスキー距離(minkowski)，相対化されたマンハッタン距離であるキャンベラ距離(canberra)，2進法による異なりビット数の割合であるバイナリー距離(binary)があります。また，後者をhclust()関数で求めますが，クラスター間の距離の計算方法は，個体間の最小距離を取る最短距離法(single)，個体間の最大距離を取る最長距離法(complete)，個体間の距離の平均を取る群平均法(average)，クラスター間の差の平均を取るMcQuitty法(mcquitty)，重心の重み距離を取るメディアン法(median)，クラスター間の重心を取る重心法(centroid)，クラスターの分散比を最大化するウォード法(ward)が使えます。そのうち，一般的にはユークリッド距離とウォード法を組み合わせて利用することが多いようです。

クラスター分析では，距離の求め方や分類手法の選択によって，クラスター化の結果が大きく異なることがあります。したがって，クラスター分析は，一意の解を求める手法としてではなく，データの性質を探索する手段と理解する方が良いでしょう。

以下，個体間の距離の計算方法にキャンベラ距離，クラスター間の距離の計算方法にウォード法を用いて，歴代総理大臣の所信表明演説のクラスタリングを行ってみます。演説のデータは，先ほどの対応分析で用いたものと同じですが，t()関数を使って，行列を転置していることに注意してください(転置しない場合は，13種類の演説ではなく，484種類のn-gramのクラ

第5章 政治的談話のテキストマイニング　113

スタリングを行うことになります)。以下のコードでは省略していますが，t() 関数の結果が代入がされた d や，dist() 関数の結果が代入された d2 の中身を1つずつ自分で確認するのも良いでしょう。

```
> # クラスター分析(キャンベラ距離，ウォード法)
> d <- t(dat) # 行と列を入れ替え(転置)
> d2 <- dist(d, "canberra") # キャンベラ距離に変換
> result <- hclust(d2, "ward") # ウォード法でクラスタリング
> # 結果の表示
> result
Call:
hclust(d = d2, method = "ward")


Cluster method        : ward
Distance              : canberra
Number of objects     : 13
>
> # デンドログラムの描画
> plot(result, hang = -1)
```

上記のコードを実行すると，図5.2が得られます。この図をデンドログラムと言います。この図では，一番下に各首相の演説がラベルとして並んでいます。これを葉にたとえると，それぞれの葉から枝が上に延びて結合され，ラベル同士のペアが作成されています。さらに上に進むと，あるペアと別のペア(個体)が結合され，クラスターが形成されています。この過程は，すべての個体が1つのクラスターに統合されるまで(すなわち頂点まで)繰り返されています。また，左端の縦軸は，hclust() 関数が求めた非類似度(コーフェン距離)を表しています。この目盛(Height)の適当な位置で水平線を加えて，その位置までのグループ化がデータの適切な分類を反映していると考えるのがクラスター分析です。どのあたりの高さで区切るかによって，

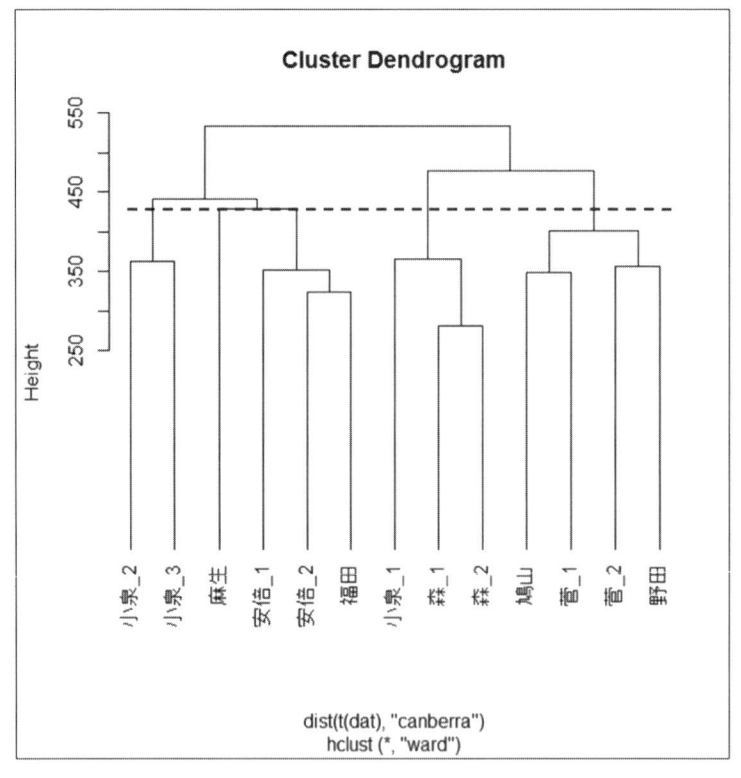

図 5.2 所信表明演説のクラスター分析

クラスターの数が変化しますが，この区切り方に関する絶対的な方法はありません。そのため，それぞれのクラスターにおける平均値を比べたり，研究仮説や理論的背景を考慮しつつ，総合的に判断することが求められる手法と言えます。

たとえば，この図の Height が 500 あたりの位置で区切ると，2つのクラスターに分かれます。しかしながら，右側のクラスターに 2000 年代初頭の演説(森，小泉など)と最近の演説(菅，野田など)が混在していて，結果の解釈がしにくいかも知れません。そこで，ここでは仮に図中の点線の位置で区切ってみましょう。すると，左から小泉(2回目，3回目)から成る第1クラ

スター，安倍(1回目，2回目)，福田，麻生から成る第2クラスター，森(1回目，2回目)と小泉(1回目)から成る第3クラスター，鳩山，菅(1回目，2回目)，野田から成る第4クラスターに分かれます。この結果を時系列で見ると，小泉以前と小泉の1回目(第1クラスター)，小泉の2〜3回目(第3クラスター)，安倍，福田，麻生(第2クラスター)，鳩山，菅，野田(第4クラスター)という4つの時期に分類されていることが分かります。

どうして小泉(1回目)が森と同じクラスターに入っているのかという疑問が生じるかも知れません。それは，革新的イメージの強かった小泉も，就任当初はそれ以前の内閣が抱えていた政治的課題を話題にしていたことと関係があるのでしょう。詳しくは，個々のn-gramの頻度，そして，それらが使われている文脈などを吟味する必要があります。

6. まとめ

本章では，名詞と形容詞から成るn-gramの頻度をデータとする対応分析とクラスター分析を適用し，2000年以降の歴代総理大臣による所信表明演説のクラスタリングを行いました。その結果，いずれの分析においても，演説が行われた時期と，演説で用いられているn-gramの頻度の間には密接な関係が確認されました。

第6章
対照言語データのテキストマイニング
ヨーロッパ10言語の数詞を例に

> 本章では，多次元尺度法と系統樹という教師なし学習法を用いて，対照言語データのクラスタリングを行います。

1. はじめに

　言語類型論とは，世界中のさまざまな言語の特徴を調査し，それらの相違点や類似点を探ることで，最終的にすべての言語に普遍的な要素を見つけ出そうとする学問のことです。たとえば，形態に注目する場合は，言語を孤立語，屈折語，膠着語，抱合語に分類し，語順に注目する場合は，言語をSOV型，SVO型，VSO型，VOS型，OVS型，OSV型などに分類します。

　しかしながら，多言語コーパスの整備が遅れていることもあって，量的な対照研究は，まだあまり行われていません。なお，2言語の対照を行っている量的研究としては，日本語・中国語間の翻訳テキストにおける文長を比較した鄧(2008)，日本語の進行相を表す「〜中」表現と英語の前置詞句表現を比較した新實(2011)などがあります。そして，多言語データの量的分析を行った研究には，日本語の成立過程を数理的に解明しようとした安本(1978)や安本・本多(1978)があります。

　本章では，多次元尺度法と系統樹という教師なし学習法(→第5章)を用いて，10言語のクラスタリングを行います。

2. 分析データ

　ここで用いるデータは，ヨーロッパの10言語における数詞をまとめたものです（語の表記は安本・本多 1978: 80–81 に基づいています）。

表6.1　ヨーロッパの10言語における数詞

英語	スウェーデン語	デンマーク語	オランダ語	ドイツ語	フランス語	スペイン語	イタリア語	ポーランド語	ハンガリー語
one	en	en	een	ein	un	uno	uno	jedem	egy
two	tva	to	twee	zwei	deux	dos	due	dwa	ketto
three	tre	tre	drie	drei	trois	tres	tre	trzy	harom
four	fyra	fire	vier	vier	quatre	cuatro	quattro	cztery	negy
five	fem	fem	vijf	funf	cinq	cinco	cinque	piec	ot
six	sex	seks	zes	sechs	six	seis	sei	szesc	hat
seven	sju	syv	zeven	sieben	sept	siete	sette	siedem	het
eight	atta	otte	acht	acht	huit	ocho	otto	osiem	nyolc
nine	nio	ni	negen	neun	neuf	nueve	nove	dziewiec	kilenc
ten	tio	ti	tien	zehn	dix	diez	dieci	dziesiec	tiz

　表6.2は，それぞれの言語における語頭の文字が一致しない数を集計したものです。

表 6.2 語頭の文字が一致しない数

	英語	スウェーデン語	デンマーク語	オランダ語	ドイツ語	フランス語	スペイン語	イタリア語	ポーランド語	ハンガリー語
英語	0	2	2	7	6	6	6	6	7	9
スウェーデン語	2	0	1	5	4	6	6	6	7	8
デンマーク語	2	1	0	6	5	6	5	5	6	8
オランダ語	7	5	6	0	5	9	9	9	10	8
ドイツ語	6	4	5	5	0	7	2	7	8	9
フランス語	6	6	6	9	7	0	1	1	5	10
スペイン語	6	6	5	9	7	1	0	1	3	10
イタリア語	6	6	5	9	7	1	1	0	4	10
ポーランド語	7	7	6	10	8	5	3	4	0	10
ハンガリー語	9	8	8	8	9	10	10	10	10	0

この表のデータが Sushi.txt というタブ区切りのテキストファイル（本書の付録データに収録しています）として作業スペースに保存されている場合，以下の手順でデータを読み込みます。

```
> # データの読み込み(なお，引数については第2章を参照)
> dat <- read.delim("Sushi.txt", row.names = 1,
header = TRUE)
```

そして，データが正しく読み込まれているかを確認するために，dat と入力すると，以下のような結果が得られます（紙面の都合で，一部のみ）。

	英語	スウェーデン語	デンマーク語
英語	0	2	2
スウェーデン語	2	0	1
デンマーク語	2	1	0
オランダ語	7	5	6
ドイツ語	6	4	5
フランス語	6	6	6
スペイン語	6	6	5
イタリア語	6	6	5
ポーランド語	7	7	6
ハンガリー語	9	8	8

3. 多次元尺度法によるクラスタリング

　まずは，多次元尺度法によるクラスタリングを行います．多次元尺度法とは，個体間の類似度あるいは距離を求め，2次元もしくは3次元の空間に配置する方法です．また，空間上の個体は，対応分析(→第5章)の場合と同じく，類似したものは近く，そうではないものは遠くに配置されます．つまり，多次元尺度法の目的は，個体間の距離のデータから「個体の地図」を求めることです(足立2006)．

　Rで多次元尺度法を行うにはdist()関数(→第5章)とcmdscale()関数を使います．以下の例では，引数kを使って，多次元尺度法で求める次元の数を2に指定しています．

```
> # 多次元尺度法
> dat.cmd <- cmdscale(dist(dat), k = 2)
```

　多次元尺度法の解析結果を確認するために，dat.cmdと入力すると，以

下のような結果が得られます.

	[,1]	[,2]
英語	1.827550	-5.010338
スウェーデン語	3.051584	-6.365791
デンマーク語	1.279234	-5.775984
オランダ語	9.630418	0.347358
ドイツ語	2.368064	-2.278712
フランス語	-7.503096	2.063940
スペイン語	-8.280736	1.660640
イタリア語	-7.909589	1.638720
ポーランド語	-5.186439	4.205077
ハンガリー語	10.723010	9.515089

そして,この解析結果(dat.cmd)に基づいて,分類結果を視覚化してみましょう.

```
> # 10言語の類似関係の視覚化
> # 枠の描画(詳細はスクリプトの解説を参照)
> plot(dat.cmd, type = "n")
> # ラベルの描画
> text(dat.cmd, colnames(dat))
```

上記のコードを実行すると,図6.1のような散布図が得られます.この図において,近くにプロットされている言語は類似した性質を持っていて,遠くにプロットされている言語は異なった性質を持っています.この図を見ると,ロマンス語系のフランス語,イタリア語,スペイン語が図の左側にグループを形成し,ゲルマン語系の英語,ドイツ語,オランダ語,デンマーク語,スウェーデン語が図の右下にグループを形成していることが分かります.

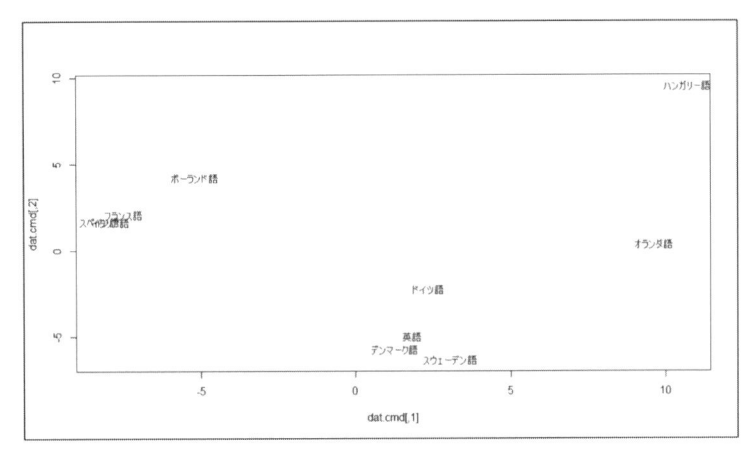

図6.1　10言語の多次元尺度法

　ちなみに，図6.1における個体の配置(dat.cmd)は，分析に用いた距離(dist(dat))の推測値です。推測値の当てはまりの良さは，2つの距離行列の相関係数を用いて考察することができます(金 2007)。以下に示すように，相関係数の自乗が約0.93であることから，多次元尺度法による2次元の地点間の距離の再現に大きな歪みはないと言えるでしょう。

```
> # 推測値の当てはまりの良さ
> cor(dist(dat), dist(dat.cmd))^2
[1] 0.9327303
```

4. 系統樹によるクラスタリング

　次に，系統樹によるクラスタリングを行います。系統樹とは，同系統のグループ内の親子関係を推定し，その結果を樹木の枝分かれに見立てて表現する手法のことです。樹根(樹木の根の部分)がある系統樹を有根系統樹と呼び，樹根がない系統樹を無根系統樹と呼びます(山田 2010)。系統樹による分析は，対応分析などによる視覚化に比べて情報量が多く，結果の解釈がし

やすいと言われています(矢野 2006)。

ただ，理論的に言うと，系統学は現在の状態から過去の状態を復元する学問に属しており，系統推定と分類は根本的に異なるという立場もあります(三中 1997)。その意味で，以下の例は，単に各言語を分類しているのではなく，言語の進化と分岐の過程を推定しているとみなすことができるでしょう。

Rで系統樹を作成するには，何らかの距離行列に対して，**ape** パッケージの as.phylo() 関数を使います。まずは，クラスター分析で用いた dist() 関数と hclust() 関数を使った例を見てみましょう。以下の例では，ユークリッド距離と群平均法を使っています。

```
> # 系統樹
> install.packages("ape", dependencies = TRUE) # 系統樹を作成する関数の準備
> library(ape) # 系統樹によるクラスタリングを行う関数の準備
>
> # ユークリッド距離に変換
> dat.d <- dist(dat, method = "euclidean")
> # 群平均法でクラスタリング
> dat.hc <- hclust(dat.d, "average")
> # 系統樹を描くためのデータ形式に変換
> dat.phy <- as.phylo(dat.hc)
```

そして，系統樹を描くには，plot() 関数を使います。その際，引数 type を c とすると有根系統樹(図 6.2)，u とすると無根系統樹(図 6.3)が描かれます。

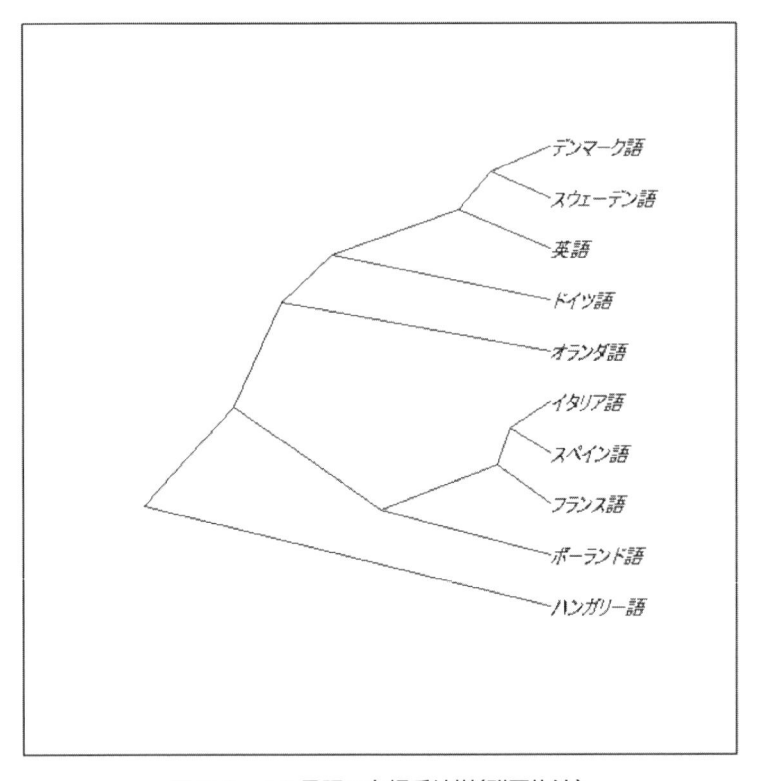

図 6.2　10 言語の有根系統樹（群平均法）

```
> # 有根系統樹
> plot(dat.phy, type = "c")
> # 無根系統樹
> plot(dat.phy, type = "u")
```

　これらの系統樹を見ると，多次元尺度法の結果（図 6.1）と同様に，フランス語，イタリア語，スペイン語が 1 つのグループを形成し，英語，ドイツ語，オランダ語，デンマーク語，スウェーデン語が別のグループを形成しています。

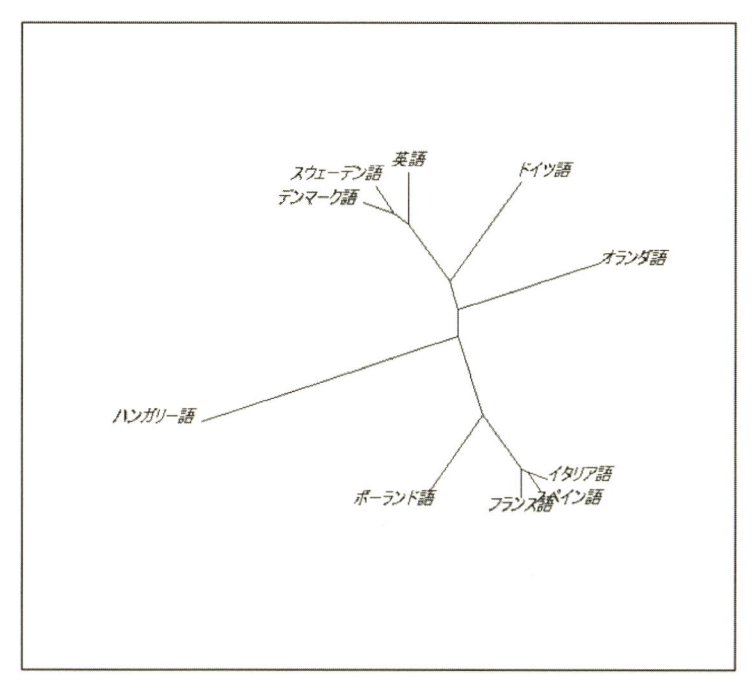

図 6.3　10 言語の無根系統樹（群平均法）

　次に，系統樹によく用いられる NJ 法（近隣結合法）を使った例を見てみましょう。NJ 法では，結合する 2 点の根本側に共通な点を定め，そこから 2 点が分岐したものとして新しい点を定めます（山田 2010）。R で NJ 法を行うには，nj() 関数を使います。

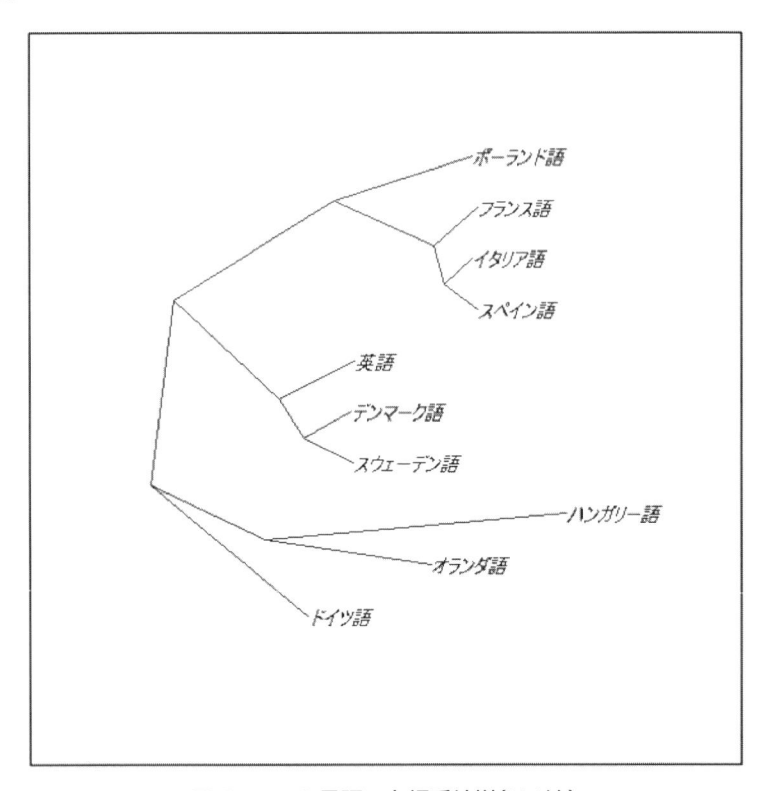

図 6.4　10 言語の有根系統樹(NJ 法)

```
> # NJ 法
> dat.nj <- nj(dat.d)
> dat.phy2 <- as.phylo(dat.nj)
> plot(dat.phy2, type = "c")
> plot(dat.phy2, type = "u")
```

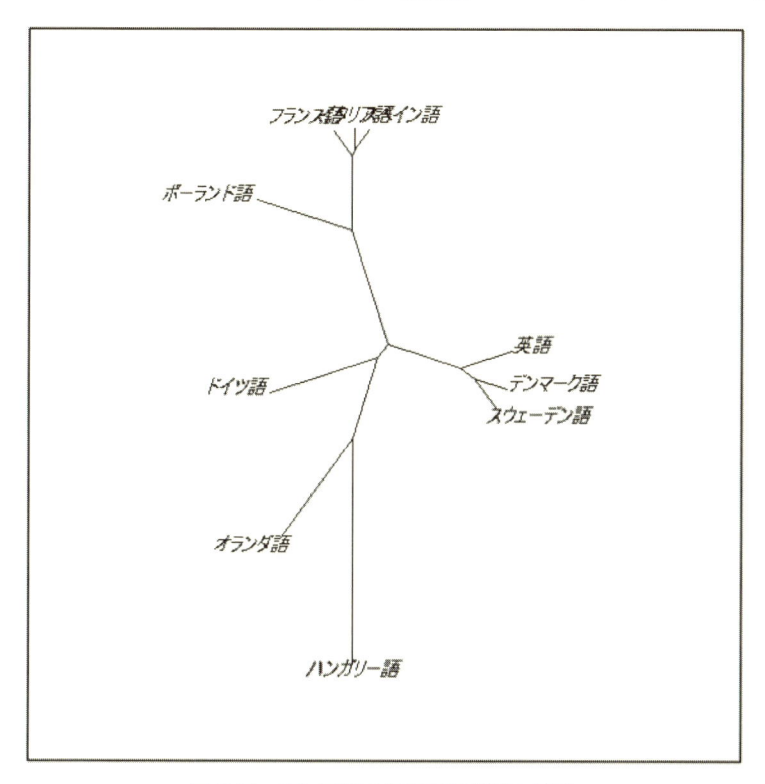

図6.5　10言語の無根系統樹（NJ法）

　このように，系統樹分析では，元のデータを「どのような距離行列に変換するか」(たとえば，ユークリッド距離，マンハッタン距離，キャンベラ距離)，そして，「どのような結合法を用いるか」(たとえば，最長一致法，群平均法，NJ法)によって，分析結果が微妙に異なることがあります。したがって，実際の分析を行うにあたっては，さまざまな距離と結合法の組み合わせを試してみることも重要でしょう。

5. まとめ

　本章では，数詞における文字の不一致度を変数とする多次元尺度法と系統

樹分析を用いて，10言語のデータを分類しました。その結果，ロマンス語系のフランス語，イタリア語，スペイン語が1つのグループを形成し，英語，ゲルマン語系のドイツ語，オランダ語，デンマーク語，スウェーデン語が別のグループを形成することを確認しました。

第7章
対話形式データのテキストマイニング
『機動戦士ガンダム』の台本を例に

> 本章では，ネットワーク分析を用いて，アニメの台本における人間関係の可視化を行います。

1. はじめに

　近年，コンピュータや統計学を援用したテキスト研究が盛んに行われています。しかしながら，テキストマイニングや計量文献学の分野では，小説や新聞のようなテキストを扱うことが多く，戯曲や国会議事録のような対話形式のテキストが対象とされることはあまり多くありません。その理由として，コーパスなどの言語資源があまり整備されていないこともありますが，対話形式のテキストを計量的に分析する方法論が確立されていないということもあるように思われます。

　そこで，本章では，対話形式データを対象とするテキストマイニングの一例として，ネットワーク分析を用いて，『機動戦士ガンダム』[1]の台本におけるキャラクター間のつながりを視覚化します。戯曲やアニメの台本は，基本的にキャラクター同士のやり取りから成り立っているため，キャラクター間のつながりを分析するには適したデータ形式です。

　言語データにネットワーク分析を適用した例として，工藤ほか(2011)が挙げられます。この研究は，村上春樹の『1Q84』における共起語のネット

---

[1] http://ja.wikipedia.org/wiki/ 機動戦士ガンダム

ワークを作成し，青豆と天吾という2人の主人公による2つの物語の関係性，彼らの周囲の人間関係などを明らかにしました．また，山元(2011)は，和歌における共起語のネットワークを作成し，「八重」のように，従来の歌ことば辞典で見出し語として取り扱われてはいないものの，語と語の関係を表すのに重要な役割を担う語を明らかにしました．そして，小野原(2011)は，岐阜県旧徳山村における各集落のアクセントパターンから作成した距離行列に基づくネットワークを作成しました．その結果，各集落で使われているアクセントパターンと交通状況の間の関係性が示されました．

2. 分析データ

ここで用意したデータは，『機動戦士ガンダム』全43話を書き起こしたものです．[2] この作品は，矢立肇と富野喜幸の原作に基づいて，名古屋テレビ，創通エージェンシー，日本サンライズによって制作され，テレビシリーズアニメとして1979年から名古屋テレビなどで放映されました．いわゆる「ガンダムシリーズ」の第1作です．また，書き起こしデータには，それぞれの台詞が誰によって発言されたものかを示すタグを付与してあります（表7.1）．

表7.1　書き起こしデータ(一部)

```
<デニム>スレンダー，お前はここに残れ．</デニム>
<スレンダー>はっ，曹長．</スレンダー>
<ジーン>曹長，軍の施設は右上のブロックのようです．出勤時間のはずですが，車が一台行っただけです．人影はありません．いました，子供のようです．</ジーン>
<フラウ>アムロ．アムロ？　まあ，まだ食べてない．アムロ？</フラウ>
<フラウ>こんなことだと思ったわ．ちゃんと朝食を取らないと，体の
```

---

[2] 著作権上の問題で，このデータを付録データとして公開することはできません．

> 為に良くないのよ。</フラウ>
> <ハロ>ハロ，アムロ，ハロ，アムロ。</ハロ>
> <アムロ>ハロ，今日も元気だね。</アムロ>
> <ハロ>サンキュ，アムロ。</ハロ>
> <フラウ>何を着ていくつもり？　アムロ，アムロ。</フラウ>
> <アムロ>このコンピュータ組んだら食べるよ。</アムロ>
> <フラウ>避難命令聞いてなかったの？</フラウ>
> <アムロ>避難命令？　あのサイレン，そうなの？</アムロ>
> <フラウ>あきれた。軍の放送聞かなかったの？　軍艦が入港するから避難するんだってさ。</フラウ>

3. 変数

　本章におけるネットワーク分析に使う変数は，発話内の人名です。たとえば，アムロの「了解，セイラさん。しかし。シャア，これが最後だ。」という発話からは，「アムロ→セイラ」というつながりと方向が認められるとして1という数値が得られ，同様に「アムロ→シャア」というつながりと方向も1という数値が得られます。ただし，「ガンダムのパイロットのアムロ・レイです。」のような自分自身への言及は除外しました。また，「前の市長のエッシェンバッハだ。彼はジオンを憎んでいるが，市民の保護の為にここに留まった。」における「彼」のような代名詞，「シャ，シャアだ，あ，赤い彗星だ。」における「赤い彗星」のようなエレガント・バリエーション[3]も対象外としました。そして，分析では，それぞれのつながりの総数（頻度）をデータとします。ただし，比較的強いつながりに注目するために，データセット全体における頻度が5以上のパターン（107種類）を分析対象としました（表7.2）。なお，この表では，発話者，発話された人名，頻度が左から右へと並んでいます。

---

[3] エレガント・バリエーションとは，叙述的な語句を代用することで反復を避ける修辞的技法です（リーチ・ショート 2003: 15）。

表7.2 発話内の人名(一部)

アコース	ラル	9
アムロ	カイ	27
アムロ	カマリア	14
アムロ	キッカ	7
...	...	...
ワッケイン	ブライト	6

　この表のデータがGundam.txtというタブ区切りのテキストファイル(本書の付録データに収録しています)として作業フォルダに保存されている場合，以下の手順でデータを読み込みます。

```
> # データの読み込み(なお，引数については第2章を参照)
> dat <- read.delim("Gundam.txt", header = FALSE)
```

　そして，データが正しく読み込まれたかどうかを確認するために，head()関数を使います。もしデータが正しく読み込まれていれば，冒頭の6行のデータが表示されます。

```
> # データの確認
> head(dat)
```

　すると，以下のような結果が得られます。

```
    V1        V2       V3
1   アコース   ラル     9
2   アムロ     カイ     27
3   アムロ     カマリア 14
4   アムロ     キッカ   7
```

| 5 | アムロ | シャア | 8 |
| 6 | アムロ | セイラ | 109 |

4. ネットワーク分析による人間関係の可視化

　前述のように，本章では，ネットワーク分析を用いて，対話形式のテキストにおける人間関係の可視化を行います。ネットワーク分析とは，さまざまな対象における構成要素間の関係構造を探る研究方法です。たとえば，友人や相談相手などの人間関係，取引や提携などの企業間の関係，自然界における生物間の関係，体内の神経や遺伝子の間の関係，インターネットに代表されるコンピュータ・ネットワークなどがその対象となります(鈴木 2009)。ネットワーク分析では，数学分野におけるグラフ理論が基礎になっています。基本的な考え方は，人や物のつながりを点と線で関係を表すことです。グラフ理論では，点を頂点(vertex)，線を辺(edge)と呼びます。辺には有向と無向の2種類があり，辺の向きまで表現するグラフを有向グラフ，向きを考慮しないグラフを無向グラフと言います。

　Rでネットワーク分析を行うパッケージはいくつかありますが，ここでは，**igraph** を使います。以下の例では，graph.data.frame() 関数を用いて，データをネットワーク分析が可能な形式に変換し，tkplot() 関数で描画しています。なお，引数 vertex.label で頂点ラベルのベクトル，引数 vertex.size で頂点ラベルの大きさ，引数 layout で頂点の配置アルゴリズム，引数 edge.label で辺のラベルをそれぞれ指定しています(引数の詳細に関しては，鈴木(2009)などを参照してください)。

```
> # ネットワーク分析
> install.packages("igraph") # パッケージのインストール
> library(igraph) # ネットワーク分析を行う関数の準備
> g <- graph.data.frame(dat) # データをネットワーク化
> # 描画
> tkplot(g, vertex.label = V(g)$name, vertex.size = 1,
```

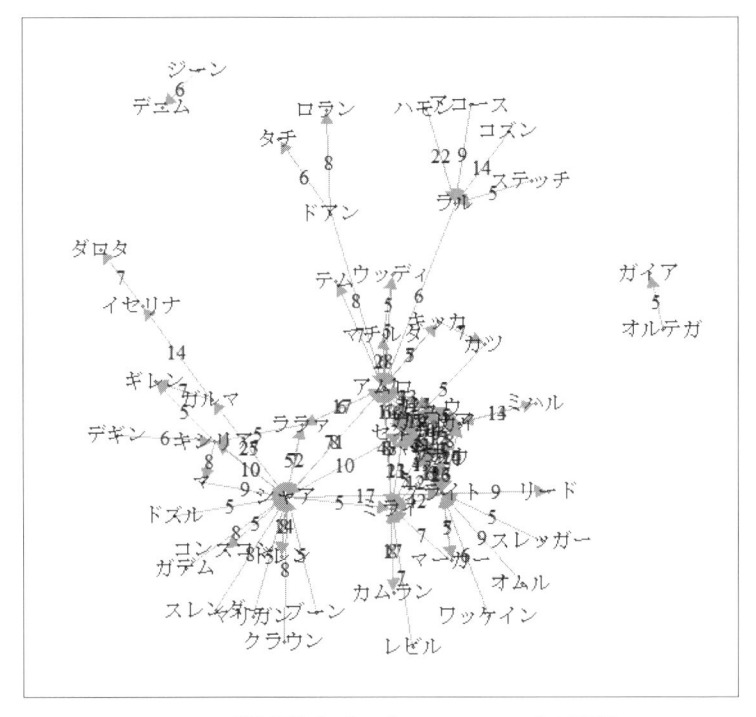

図 7.1 『機動戦士ガンダム』における人間関係

```
layout = layout.fruchterman.reingold, edge.label =
dat[, 3])
```

　上記のコードを実行すると，新たなウィンドウが開いて，ネットワークが表示されます。そして，そのウィンドウのメニューバーにある [View] の [Center on screen] をクリックすると，図 7.1 のような有向グラフが得られます。

　また，tkplot() 関数で描いた図は，マウス操作で頂点や辺の位置や属性を変更できます。マウス操作で図 7.1 を見やすくしたものが図 7.2 です。マウス操作で頂点や辺の位置を変更できることからも分かるように，ネットワーク分析では，それぞれの頂点（ここでは人物）が図中のどこに配置されて

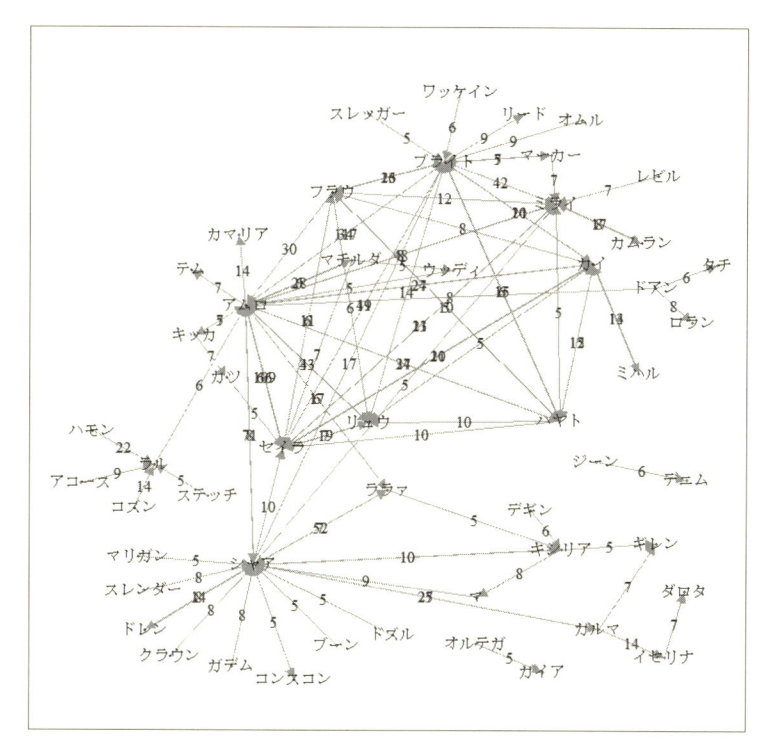

図 7.2　『機動戦士ガンダム』における人間関係（修正後）

いるかに意味はありません。注目すべきは，どの頂点がどの頂点の近くに配置されているかではなく，どの頂点とどの頂点がつながっているかです。

『機動戦士ガンダム』では，地球連邦軍とジオン軍という2つの勢力の争いが描かれています。図7.2を見ると，図中の上方で地球連邦軍のメンバーが密接に関係し合い，下方ではジオン軍のメンバーが関係し合っています（この人間関係図の詳しい解釈に関しては，小林 2012 を参照してください）。また，物語の主人公であるアムロ，アムロのライバルであるシャア，アムロの上官であるブライトの3人がネットワークにおいて中心的な役割を担っていることが分かります。

　次に，このネットワークにおける中心性を求めてみましょう。中心性とは，各頂点のネットワーク内における重要度を示す指標です。中心性の指標

にはいくつかの種類がありますが，ここでは媒介中心性を用いることにします。

ネットワーク分析では，最短経路を求めるなどの課題がありますが，ネットワークにとって重要な意味を持つ頂点や辺を求めることも行われます。ここで取り上げる媒介中心性は，それぞれの頂点がネットワークの経路維持に及ぼす影響度を表す指標で，値が大きいほど重要だと判断されます。なお，ネットワーク構造やグラフ理論に関しては，グリッツマン・ブランデンブルグ(2007)などを参照してください。

Rで頂点の媒介中心性を求めるには，betweenness()関数を使います。そして，各頂点の媒介中心性を大きい順に並び替えるには，sort()関数を使い，引数 decreasing で TRUE を指定します。

```
> # 頂点の媒介中心性
> (bc <- sort(betweenness(g), decreasing = TRUE))
```

すると，以下のような結果が得られ，アムロ，シャア，ブライト，ラル，ミライの順で媒介中心性が高いことが分かります。

```
      アムロ       シャア      ブライト         ラル       ミライ
590.166667 460.000000 190.233333 112.000000  97.000000
(省略)
```

図7.3は，各頂点の媒介中心性(bc)をプロットした結果です。

```
> plot(bc)
```

図7.3を見ると，左側の2つ，あるいは3つの頂点の中心性が極めて高いことが分かります。前述のように，これらの頂点は，左からアムロ，シャア，ブライトであり，先ほどのネットワークを目で見たときの印象を裏付けるものとなっています。

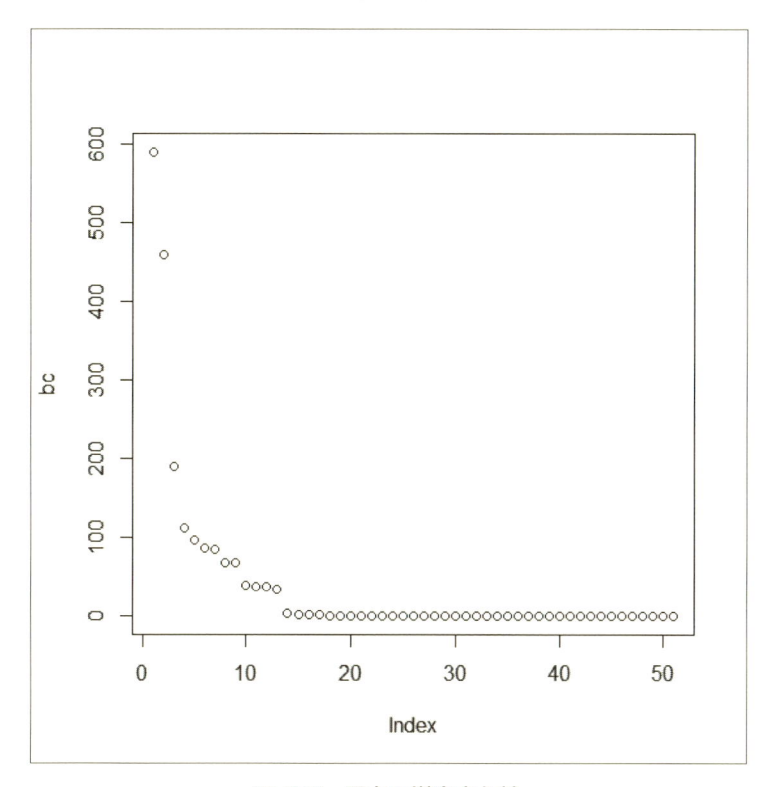

図 7.3 頂点の媒介中心性

　続いて，ネットワークにおけるサブグループ（ネットワーク内部にあって，相互に結びついた下位集団）の分析をします。前述のように，図 7.2 において，『機動戦士ガンダム』の人物たちは，地球連邦軍とジオン軍という 2 つのグループに大別されます。サブグループの抽出方法にもいくつかの方法がありますが，ここでは辺の媒介中心性に基づく方法を使います。R で辺の媒介中心性を求めるには，edge.betweenness.community() 関数を用います。そして，その結果に対して，as.dendrogram() 関数と plot() 関数を実行することで，図 7.4 のようなデンドログラム（→第 5 章）を描くことができます。

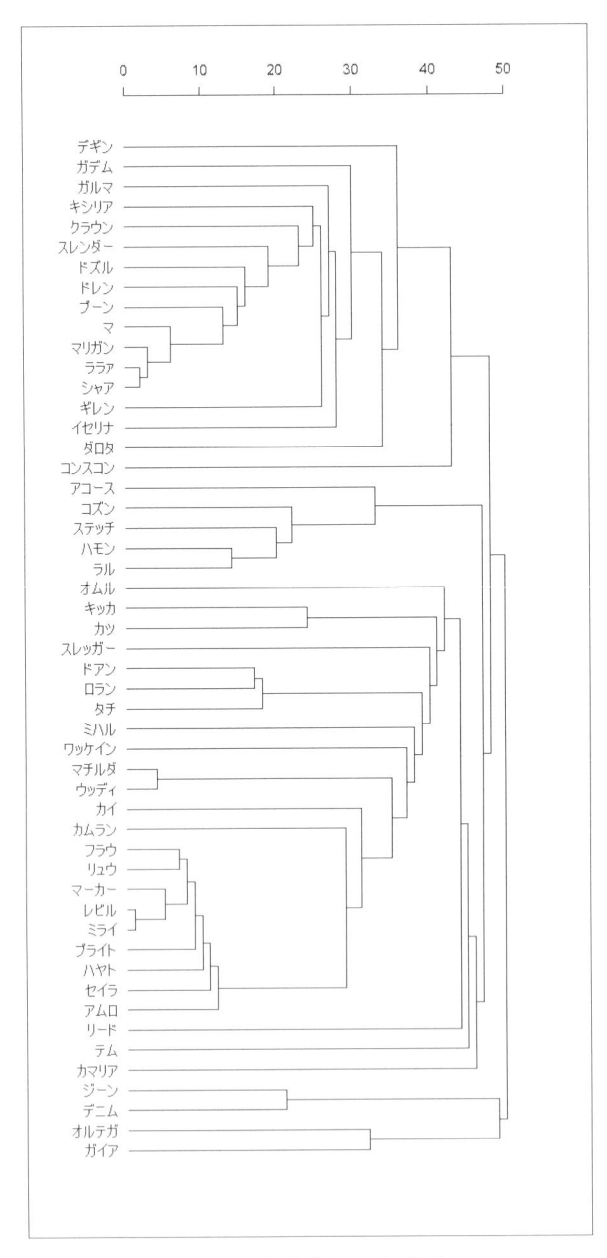

図 7.4　サブグループの抽出

```
> # サブグループの抽出
> ebc <- edge.betweenness.community(g) # 辺の媒介中心性
の計算
> plot(as.dendrogram(ebc)) # 描画
```

　図7.4を見ると，一番下側に，ガイアとオルテガ，デニムとジーンが位置しています。図7.2のネットワークに明らかなように，彼らは，彼ら以外の全員から構成されるネットワークとつながりを持っていません。そして，この4人以外を見ると，右側に地球連邦軍のクラスター，左側のジオン軍のクラスターがおおむね形成されていることが分かります。

　今回の分析では，発話中の人名のみに注目していて，それ以外の情報は一切用いていません。また，その人名も，好意的な文脈で言及されているのか，それとも否定的な文脈で言及されているのか，あるいは，当人の目の前で発言されたものなのか，それとも当人のいない場所で発言されたのかなどは一切考慮していません。それにもかかわらず，作中の人間関係がほぼ完全に再現されていることは興味深く，このアプローチの有効性を示しています。

5. まとめ

　本章では，発話中の人名を変数とするネットワーク分析を用いて，『機動戦士ガンダム』における人間関係を可視化しました。その結果，地球連邦軍のメンバーと，ジオン軍のメンバーという2つのサブグループ（クラスター）が抽出されました。

　なお，ここで用いたような対話形式データの分析手法は，アニメの台本，戯曲，国会会議録などを分析する場合だけでなく，TwitterやFacebookなどのSNS，ブログや掲示板への書き込み，電子メールといったソーシャルデータ（ラッセル2011）を分析する場合にも活用することができます。

第8章
文学作品のテキストマイニング
芥川龍之介と太宰治を例に

> 本章では，線形判別分析やサポートベクターマシンなどの教師あり学習法を用いて，文学作品の著者推定を行います。

1. はじめに

　文学作品，哲学書，宗教書，歴史書などのテキストの中には，著者が不明なものや，真贋が問題となっているものが少なからず存在します。そのようなテキストに対して，計量文献学の研究者たちは，さまざまな統計手法を用いて，著者を推定しようと試みてきました（村上 1994，金・村上 2003）。

　著者推定をする際には，文章のいかなる点に著者の言語的特徴が現れているかを知ることが重要になります。これまでの研究では，日本語の著者推定や執筆年代推定において，読点の打ち方，助詞や助動詞の頻度，品詞構成率，漢字と仮名の比率などが有効であると報告されてきました。たとえば，村上（1994）は，4人の作家（井上靖，中島敦，三島由紀夫，谷崎潤一郎）による合計9作品における読点の生起位置を調査しました。その結果，井上は「と」のあとの読点が他の3人より多く，中島は「て」と「で」のあとの読点が少ない一方で「し」のあとの読点が多く，三島は「に」と「を」のあとの読点が多く，谷崎は「は」のあとの読点が少ない一方で「ら」のあとの読点が多いことが分かりました。そして，日本語では文章中に句読点が比較的自由に打たれることに注目し，そこに書き手の癖が現れることを実証しました。

また，金・村上(2003)は，紫式部の『源氏物語』54巻に出現する26種類の助動詞出現率を説明変数とする数量化III類による分類を行った結果を紹介しています。そして，『源氏物語』は，「第1部(紫の上系物語)」→「第2部」と「第3部(匂宮三帖)」→「第1部(玉鬘系物語)」→「第3部(宇治十帖)」という順序で執筆されたという仮説を立てています。

本章では，線形判別分析やサポートベクターマシンなどの教師あり学習法（→第5章）を用いて，芥川龍之介(1892-1927)と太宰治(1909-1948)による文学作品の著者推定を行います。

2. 分析データ

ここで用意したデータは，芥川龍之介と太宰治による合計20編のテキスト(順不同)です(表8.1)。

表8.1 分析データ

芥川龍之介	太宰治
アグニの神	グッド・バイ
一夕話	走れメロス
邪宗門	狂言の神
河童	虚構の春
奇怪な再会	お伽草紙
羅生門	パンドラの匣
杜子春	猿面冠者
馬の脚	斜陽
海のほとり	姥捨
藪の中	ヴィヨンの妻

これらのテキストは，すべて青空文庫からダウンロードし，ファイル中の注記とルビを削除しました。また，作品を選ぶにあたって，新字新仮名で入

3. 説明変数

本章では，これまでに多くの著者推定実験で有効性が認められてきた読点の生起位置を手がかりに，芥川と太宰の著者推定を試みます．表8.2は，20編のテキストにおける16種類の文字（か，が，く，し，ず，て，で，と，に，は，ば，へ，も，ら，り，れ）と読点のバイグラムをまとめたものです．[1] 個々のテキストの長さが異なるため，表中の頻度は，1000字あたりの相対頻度に変換してあります．また，列名における読点は省略し，読点と共起する文字のみを示しています．

表8.2 読点の生起位置

	か	が	く	し	ず	て	で	と	に	は	ば	へ	も	ら	り	れ	作者
A_アグニの神	1.39	4.67	0.25	0.88	0.51	1.64	0.25	3.28	4.80	5.69	1.01	0.88	2.27	4.67	1.39	0.00	芥川
A_一夕話	0.51	3.23	0.00	0.85	0.34	0.00	0.68	2.55	4.60	6.30	2.04	0.51	2.89	3.57	1.70	0.00	芥川
A_邪宗門	0.83	7.51	0.83	0.45	0.30	7.23	2.76	4.75	3.09	6.25	0.48	0.35	3.09	4.90	0.93	0.20	芥川
A_河童	0.78	1.27	0.14	0.59	0.19	0.11	0.03	1.11	0.35	0.35	1.22	0.03	0.73	2.89	1.51	0.11	芥川
A_奇怪な再会	0.97	6.48	0.05	0.00	0.48	0.77	0.05	4.21	5.95	5.86	0.29	1.74	2.76	5.86	1.06	0.00	芥川
A_羅生門	0.71	5.48	0.88	0.53	0.35	8.48	3.71	3.53	4.59	13.07	1.41	0.00	1.77	6.01	1.06	0.18	芥川
A_杜子春	0.99	5.06	0.44	0.33	0.66	8.14	0.88	4.40	3.63	4.18	0.88	0.99	3.63	7.37	0.66	0.00	芥川
A_馬の脚	1.28	2.11	0.18	0.27	0.27	0.09	0.00	1.01	0.46	0.09	1.47	0.00	0.64	1.83	1.47	0.09	芥川
A_海のほとり	0.17	1.34	0.00	1.01	0.84	0.34	0.00	1.17	0.84	0.17	0.17	0.00	1.17	2.18	1.68	0.50	芥川
A_藪の中	1.31	4.29	0.00	0.12	0.12	0.12	0.00	3.10	7.74	7.27	1.67	1.55	3.22	3.57	1.91	0.24	芥川
D_グッド・バイ	0.00	2.53	1.09	2.87	0.55	7.37	3.55	1.57	2.53	10.45	0.55	0.14	4.03	4.51	1.78	0.48	太宰
D_走れメロス	0.00	2.14	0.51	1.43	0.51	5.11	1.74	1.33	2.14	13.38	0.82	0.00	2.96	2.55	1.63	0.51	太宰
D_狂言の神	0.00	0.26	1.49	1.49	0.97	7.97	2.01	1.30	3.63	7.38	0.84	0.19	2.20	1.88	2.40	1.04	太宰
D_虚構の春	1.05	3.06	1.36	1.45	0.66	5.56	2.46	1.36	1.85	6.46	0.70	0.11	2.77	2.18	1.67	0.40	太宰
D_お伽草紙	0.00	2.95	1.12	2.27	0.57	6.67	2.05	1.37	2.36	8.25	0.49	0.25	4.29	2.67	1.41	0.58	太宰
D_パンドラの匣	1.31	3.99	1.06	1.47	0.57	8.03	2.46	1.71	2.92	8.86	0.30	0.07	3.74	2.89	1.44	0.31	太宰
D_猿面冠者	0.62	1.98	0.07	1.50	0.41	4.31	1.09	0.55	1.98	9.37	0.62	0.21	2.26	2.94	1.03	0.41	太宰
D_斜陽	0.99	3.50	1.13	1.26	0.55	10.39	3.53	2.37	3.30	9.48	0.46	0.10	5.08	4.30	1.59	0.36	太宰
D_姥捨	1.24	2.62	0.51	1.38	0.51	8.79	2.25	1.53	1.82	14.31	0.73	0.00	3.85	3.34	2.47	0.73	太宰
D_ヴィヨンの妻	1.33	3.75	1.68	1.87	0.35	10.31	4.24	2.17	2.66	6.71	0.54	0.05	3.90	3.21	1.63	0.20	太宰

---

[1] なお，Rで文字と読点のバイグラムを抽出する方法に関しては，第3章を参照してください．

この表のデータが Akutagawa-Dazai.txt というタブ区切りのテキストファイル（本書の付録データに収録しています）として作業スペースに保存されている場合，以下の手順でデータを読み込みます．

```
> # データの読み込み（なお，引数については第 2 章を参照）
> dat <- read.delim("Akutagawa-Dazai.txt", row.names
= 1, header = TRUE)
```

そして，データの概要を見るには，summary() 関数を使います．

```
> # データの概要
> summary(dat)
```

すると，以下のような結果が得られます．一番左の列を見ると，20 編のテキストにおける「か」と読点から成るバイグラムの頻度の最小値(Min.)が 0.0000 で，第 1 四分位点(1st Qu.)が 0.4249，中央値(Median)が 0.8982，平均値(Mean)が 0.7731，第 3 四分位点(3rd Qu.)が 1.2471，最大値(Max.)が 1.3898 であることなどが分かります．なお，summary() 関数の出力の読み方に関しては，第 2 章も参照してください．

```
          か                    が                     く
 Min.    :0.0000      Min.    :0.2591      Min.    :0.0000
 1st Qu. :0.4249      1st Qu. :2.1349      1st Qu. :0.1184
 Median  :0.8982      Median  :3.1491      Median  :0.509
 Mean    :0.7731      Mean    :3.4112      Mean    :0.638
 3rd Qu. :1.2471      3rd Qu. :4.3845      3rd Qu. :1.098
 Max.    :1.3898      Max.    :7.5073      Max.    :1.676
（省略）
```

4. クラスター分析による著者推定

まず最初に，クラスター分析(→第5章)による教師なし学習による分類を行ってみます。教師なし学習では目的変数を使わないため，データ(dat)の17列目を除外して分析を行います。

```
> # クラスター分析(ユークリッド距離，最長一致法)
> d <- dist(dat[, -17], "euclidean")  # ラベルの列を除外
して，ユークリッド距離に変換
> result <- hclust(d, "complete")  # 最長一致法でクラスタ
リング
> # 結果の表示
> result
Call:
hclust(d = d, method = "complete")


Cluster method   : complete
Distance         : euclidean
Number of objects : 20

>
> # デンドログラムの描画
> plot(result, hang = -1)
```

上記のコードを実行すると，図8.1のようなデンドログラムが得られます。この図を見ると，20編のテキストが大まかに2つのクラスターに分かれていることが分かります。そして，それぞれのクラスターを見ると，左側のクラスターは，芥川の『羅生門』を除いて，すべて太宰のテキストで構成され，右側のクラスターは，すべて芥川のテキストで構成されています。[2]

---

[2] 『羅生門』が誤分類されている理由は，その執筆年代と関係がある可能性があります。これについては，小林(2013)を参照してください。

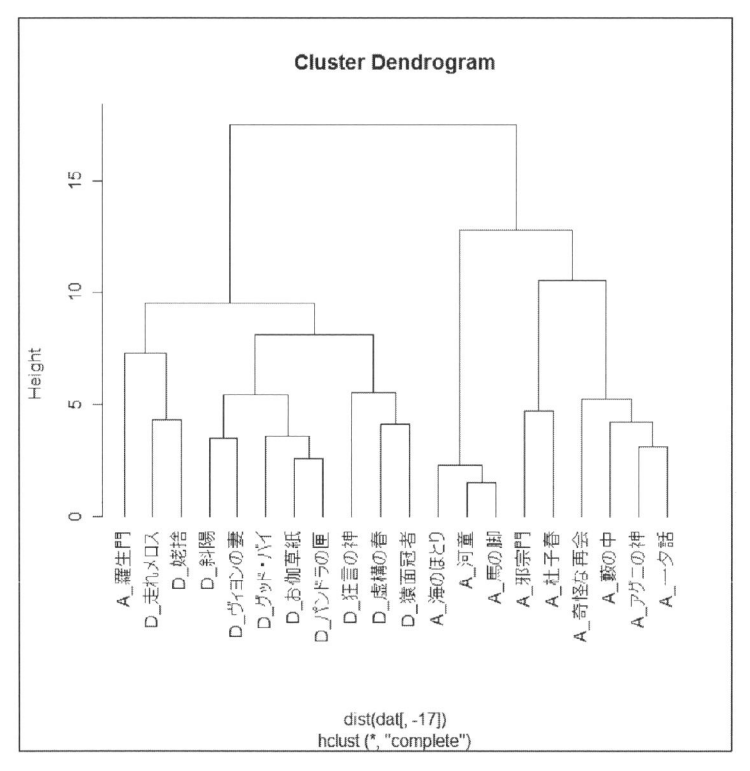

図 8.1 クラスター分析による著者推定

つまり，このクラスター分析の結果から，両者の読点の打ち方に一定の傾向が存在することが分かります。

5. 線形判別分析による著者推定

次に，本章の目的である，教師あり学習（→第 5 章）による著者推定を行います。教師あり学習の手法としては，線形判別分析，ナイーブベイズ，k 近傍法，決定木，ニューラルネットワークなど，さまざまな手法が開発されています（詳しくは，金森ほか 2009，辻谷・竹澤 2009 などを参照してください）。最初に，もっとも古典的な手法である線形判別分析を使います。

判別分析は，データを群（グループ）に分けるための手法で，たとえば，受信したメールがスパムメールであるか否かを判定するのに用いることができます。判別分析の原理を簡単に述べると，元データから合成変数を作成して判別モデルを生成します。たとえば，変数 x が n 個あるとすれば，$Z = a_1 x_1 + a_2 x_2 + ... + a_n x_n$ のような式を立てます。これを判別関数と言い，この式にデータの変数値を代入して求めた値を判別得点と言います。判別分析では，データの群の数から1を引いた数だけ，判別関数を求めます。2群の場合は1つで，この判別得点の正負で群を分けることができます。

式の係数 a は，群間の分散が最大になるように求めます。まず，群ごとに合成変数の平均値を求めます。これらの平均値と，それぞれの群に属するデータから求めた合成変数から分散を計算します。これを群内分散と言います。次に，群を考慮に入れずにデータ全体の（合成変数による）平均値を求め，それぞれの群平均値との分散を計算します。これを群間分散と言います。すなわち，データ全体の分散は2つに分解されます（全分散＝群内分散＋群間分散）。このとき，群内分散（グループ内の差）に比べて群間分散（グループ間の差）が大きいならば，群の判別が容易になります。そこで，分散比（群間分散÷群内分散）という数値を定義します。この分散比が最大になるように係数 a を求めますが，Rでは固有値問題という行列計算が使われます。

図 8.2 は，Rで使用可能なアヤメのデータ（iris）[3] を使った判別分析のイメージです。花弁の幅（横軸）と花弁の長さ（縦軸）を説明変数として，S, E, R という 3 種類のアヤメを分類しています。

Rで線形判別分析を行うには，**MASS** パッケージの lda() 関数を使います。書式は，「目的変数 ~ 説明変数」のように記述します。なお，「目的変数 ~ .」と書くと，目的変数以外のすべての変数が，説明変数として分析に投入されます（以下の例では，説明変数は 16 種の文字と読点のペアになります）。

---

[3] このデータは，Rのコンソールに iris と入力することで確認することができます。

148

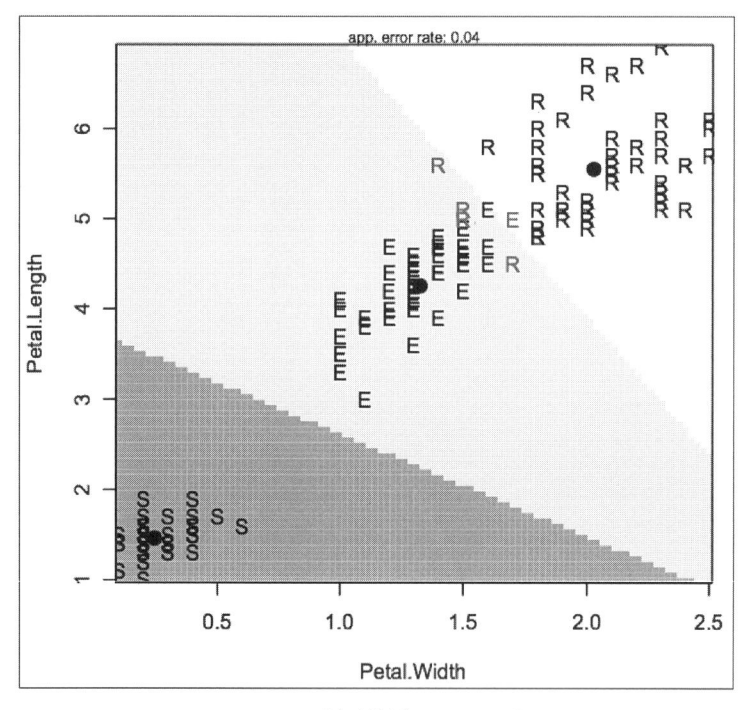

図 8.2 判別分析のイメージ

```
> # 線形判別分析
> library (MASS) # 判別分析を行う関数の準備
> lda.model <- lda(作者 ~ ., data = dat)
```

作成した判別モデル(lda.model)の情報は，以下のとおりです。

```
> lda.model # 判別モデルの確認
Call:
lda(作者 ~ ., data = dat)
```

```
Prior probabilities of groups:
     芥川      太宰
      0.5       0.5

Group means:
            か              が              く
芥川      0.893682        4.144038        0.2770980
太宰      0.652508        2.678417        1.0002871
            し              ず              て
芥川      0.5041663       0.4065555       2.691739
太宰      1.7003246       0.5639713       7.449845
            で              と              に
芥川      0.8360013       2.911046        3.604787
太宰      2.5381815       1.524926        2.519240
            は              ば              へ
芥川      4.921635        1.063013        0.6053547
太宰      9.464232        0.603974        0.1122260
            も              ら              り
芥川      2.216960        4.284926        1.336640
太宰      3.507773        3.046492        1.703575
            れ
芥川      0.1318495
太宰      0.5010864


Coefficients of linear discriminants:
            LD1
か         4.2377384
が        -3.9090605
く         3.5219509
し         1.0069004
```

第 8 章 文学作品のテキストマイニング 149

ず	4.9585492
て	-0.2500134
で	2.9350605
と	1.2377630
に	-2.2879268
は	1.5029414
ば	-1.9974492
へ	12.0567489
も	2.0506138
ら	-3.4331053
り	-7.7088565
れ	-0.5375046

　上記の結果のうち，Prior probabilities of groupsはデータセット全体における芥川と太宰のテキスト数の割合，Group meansは各説明変数の著者ごとの平均値，Coefficients of linear discriminantsのLD1は第1判別関数の係数を，それぞれ表しています。そして，判別関数の係数の絶対値が大きいほど，芥川と太宰のテキスト分類に大きく寄与しています。

　では，作成した判別モデルを使って，20編のテキストを分類してみましょう。モデルに基づいて，データの分類を行うには，predict()関数を使います。関数の出力には，個体ごとに分類ラベルを当てはめた結果が含まれています。個体ごとの分類結果をまとめるには，table()関数を使って，出力のclassという要素を表形式に整理します。また，正誤の割合を調べるには，表の対角線の要素数を調べます。これは，diag()関数で調べることができ，正しく分類された個体の数にあたります。これを個体の総数で割れば，正判別率が求まります。なお，個体の総数は，表全体にsum()関数を適用すれば分かります。

```
> # 分類実験
> lda.pred <- predict(lda.model, dat)
> (lda.tab <- table(dat[, 17], lda.pred$class))
      芥川   太宰
芥川  10     0
太宰   0    10
>
> # 正判別率の計算(対角要素の総数を全要素数で割る)
> sum(diag(lda.tab)) / sum(lda.tab)
[1] 1
```

上記のとおり，この分類実験の正判別率は100%です．しかしながら，この分類結果には偏りがあり，一般化できません．なぜなら，判別モデルを作ったデータ（学習データ）と，その判別モデルを適用したデータ（検証データ）が同じだからです．そのような場合，不当に高い分類精度が出てしまうことが知られています．これを過学習と言います．そもそも，そのデータに適合するように判別モデルを作ったのですから，同じデータをうまく分類できるのは当然です．こうした過学習を避けるには，学習データと検証データを分ける必要があります．そのような方法の1つとして，交差妥当化が挙げられます．

交差妥当化は，以下のような手順で行われます（金 2007）．

(1) 全データを同一サイズの n 個のグループに分割する
(2) そのうちの1つを検証データとする
(3) 残りの n-1 個を学習データとして，判別モデルを作成する
(4) 検証データを用いて，作成した判別モデルの精度を評価する
  （以下，検証データを入れ替えながら，同じ評価を n 回繰り返す）
(5) 作成された n 個の判別モデルの精度の平均値を取って，全体の精度を求める

Rで線形判別分析の交差妥当化を行うには，lda()関数の引数CVにTRUE，もしくはTを指定します(CVは，交差妥当化の英語であるcross validationの頭文字です)。

```
> # 線形判別分析の交差妥当化
> lda.model.cv <- lda(作者 ~ ., data = dat, CV = TRUE)
> # 17列目はラベルなので，数値データ列と分けて指定
> (lda.tab2 <- table(dat[, 17], lda.model.cv$class))
      芥川   太宰
芥川   8      2
太宰   2      8
>
> # 正判別率の計算
> sum(diag(lda.tab2)) / sum(lda.tab2)
[1] 0.8
```

交差妥当化を行った結果，20編のうち16編が正しく分類され，4編が誤って分類されました。つまり，この実験の正判別率は80%です。

6. サポートベクターマシンによる著者推定

前述のように，教師あり学習の手法は，線形判別分析以外にも多数存在します。ここでは，比較的新しい手法として，サポートベクターマシン(SVM)を紹介します。

SVMは，機械学習と言われる分野で広く用いられており，2つの群を分ける手法として，特に多変量のデータに有効だとされます。1次元あるいは2次元のデータであれば，直線で領域を分割して，群を判別します。これに対して，3次元以上のデータでは，平面で空間を区切ります(図8.3)。この平面を超平面ということがあります。

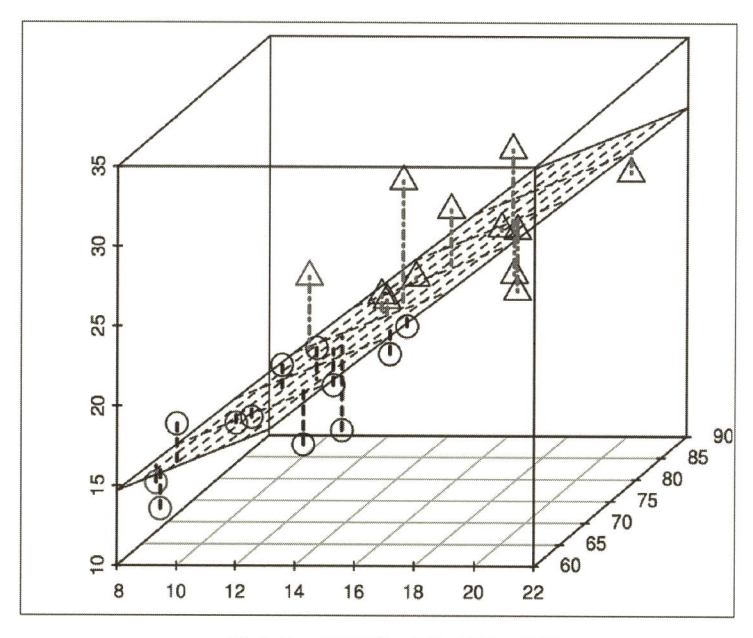

図 8.3　超平面による空間の分割

　SVM では，群と群の間（距離，あるいはマージン）が最大になるような平面を求めます(マージン最大化)．この際，それぞれの群でマージンに位置するデータをサポートベクターと呼ぶことから，この手法の名前が付けられています．

　R で SVM を行うには，**e1071** パッケージの svm() 関数を使う方法や **kernlab** パッケージの ksvm() 関数を使う方法などがありますが，本章では前者を使います．なお，set.seed() 関数は，疑似乱数の種を設定するもので，結果の再現性を確保するために用いられます．

```
> # サポートベクターマシン(SVM)
> install.packages("e1071")  # パッケージのインストール
> library(e1071)  # SVM を実行する関数の準備
> set.seed(5)  #同じ結果を出すために，疑似乱数の種の設定
```

```
> svm.model <- svm(作者 ~ ., data = dat, cross = 5)
> summary(svm.model)   # 判別モデルの概要を確認
Call:
svm(formula = 作者 ~ ., data = dat, cross = 5)
Parameters:
 SVM-Type:  C-classification
SVM-Kernel:  radial
      cost:    1
    gamma:  0.0625

Number of Support Vectors:  18

 ( 10 8 )


Number of Classes:  2


Levels:
  芥川 太宰


5-fold cross-validation on training data:

Total Accuracy: 100
Single Accuracies:
 100  100  100  100  100
>
> # 正判別率の計算(予測結果は, fittedとしてアクセス)
> # 17列目はラベルなので, 数値データ列と分けて指定
> (svm.tab <- table(dat[, 17], svm.model$fitted))

        芥川    太宰
  芥川   10      0
```

```
太宰    0    10
> sum(diag(svm.tab)) / sum(svm.tab)
[1] 1
```

svm() 関数の書式は，lda() 関数の書式とよく似ていますが，引数 cross で，交差妥当化の際に全データを分割する数を指定することができます．本章の実験では，cross を 5 に設定した結果，芥川と太宰のテキストを 100％の精度で分類することができました．なお，summary() 関数の出力にある Total Accuracy は正答割合の平均で，Single Accuracies は 5 回の試行の結果を表しています．

svm() 関数のヘルプに "Parameters of SVM-models usually must be tuned to yield sensible results!" とあるように，SVM の性能を最大限に引き出すためには，cost や gamma などのパラメータをチューニングする必要があります．ここではすでに正判別率が 100％に達しているため，チューニングに関する説明を割愛しますが，詳しくは，tune.svm() 関数のヘルプを参照してください．

```
> # SVM のチューニングに関するヘルプ
> help(svm)
> help(tune.svm)
```

7. まとめ

本章では，読点の生起位置を説明変数とする線形判別分析や SVM などを用いて，芥川と太宰によるテキストの著者推定を行いました．その結果，線形判別分析では 80％，SVM では 100％の精度で分類することができました．

太宰は芥川に憧れていたと伝えられていますが，芥川の技巧的な文体と太宰の読者に話しかけるような文体は，非常に対照的なものと言えるでしょう．そして，両者の文体の違いは，テキストにおける読点の生起位置にも顕著に現れていることが実証されました．

言語的な特徴を変数としてテキストを自動分類する著者推定の手法は，スパムメールの自動分類や非母語話者による作文の自動評価など，多くの課題に応用できるものです。その一例として，本書の第9章では，テキストジャンルの自動判定の例を紹介します。

第9章
ジャンル別データのテキストマイニング
書き言葉均衡コーパスを例に

> 本章では，ナイーブベイズ，k 近傍法，バギングといった教師あり学習法を用いて，ジャンル判定を行います。

1. はじめに

　近年，さまざまな種類のコーパスが整備されてきたこともあって，ジャンルやレジスター[1] の判別が注目を集めています。たとえば，小磯ほか(2009)は，現代日本語書き言葉均衡コーパス(Balanced Corpus of Contemporary Written Japanese, BCCWJ) と日本語話し言葉コーパス(Corpus of Spontaneous Japanese, CSJ) を用いて，白書，新聞，小説，ウェブ掲示板，国会会議録，学会講演，模擬講演という7つのジャンル(それぞれ150サンプルずつ)を対象とする正準判別分析を行いました。漢語率，名詞率，接続詞率，副詞率，形容詞率，機能語率を説明変数として，約80%の精度でジャンルを正しく判定することができると報告しました。また，小林(2010b) は，現代日本語書き言葉均衡コーパス(2008年度版)における書籍，白書，国会会議録という3つのジャンル(それぞれ20サンプルずつ)を対象とし，変数増減法を用いた線形判別分析を行いました。その結果，約73%の精度でジャンルを正しく判定することができると報告しました。

---

[1] レジスターとは，たとえば書き言葉と話し言葉のように，さまざまな状況で使われる言語変種のことで，言語使用域と呼ばれることもあります(バイバーほか 2003)。

このようなジャンル判定は，第8章で行った著者推定とほぼ同じ方法論で行われています。つまり，著者やジャンル(目的変数)を特徴付けると思われる言語項目を手がかり(説明変数)として，判別分析やサポートベクターマシンのような教師あり学習と呼ばれる手法を用いています。文体論の分野では，テキストの文体を個人文体とジャンル文体の2つの大別することがあります(陳 2012)。この観点に立てば，芥川龍之介の文体や太宰治の文体といった個人文体を判別するのが著者推定となり，新聞の文体や週刊誌の文体といったジャンル文体を判別するのがジャンル判定となります。

　本章では，ナイーブベイズ，k 近傍法，バギングといった教師あり学習法を使って，ジャンルの自動判定を行います。なお，第8章で行った著者推定は，芥川龍之介と太宰治という2人の著者を判別する2値分類でした。それに対して，本章で紹介するようなジャンル判定は，多くの場合，小説，新聞，学術論文のような3つ以上の目的変数を扱う多値分類となります。しかし，第8章で学んだ線形判別分析やサポートベクターも含めて，ほとんどの教師あり学習法は，2値分類だけでなく，多値分類を行うことができます。

2. 分析データ

　ここで使うデータは，現代日本語書き言葉均衡コーパス(2008年度版)における書籍，白書，国会会議録という3つのジャンルから，それぞれ20サンプルずつを抽出したものです。サンプリングにあたっては，ファイル名に基づいて各ジャンルの最初の20ファイルずつを選びました。なお，これは，小林(2010b)が線形判別分析を用いて，約73%の精度で分類したデータの一部です。[2]

---

[2] 小林(2010b)では12種類の説明変数を使っていますが，本書では，そのうちの7種類の説明変数のみを分析に使います。

3. 説明変数

　ここでジャンル判定に用いる説明変数は，文末表現です。日本語には活用の幅の広い動詞が統語上文末位置に出現しやすいため，多様な文末表現が見られます。そして，これらは，著者やジャンルの影響を色濃く受けると思われます。しかしながら，何を文末表現とするかは，複数の定義が存在するために難しい問題です。そこで，ここでは文末表現を広義でとらえ，7種類の文字列(ある，いる，です，ます，う，か，ん)と句点のバイグラムを説明変数とします。[3]

　表9.1は，サンプリングされた合計60ファイルにおける7種類の文末表現をまとめたものです。個々のテキストの総語数が異なるため，表中の頻度は，10000語あたりの相対頻度に変換してあります。また，列名における句点は省略し，句点と共起する文字列のみを示しています。

---

[3]　なお，Rでバイグラムを抽出する方法に関しては，第3章を参照してください。

表 9.1 文末表現の相対頻度

ある	いる	です	ます	う	か	ん	ジャンル
57.89	22.74	0	0	20.67	0	0	書籍
0	41.98	41.98	25.19	50.38	16.79	25.19	書籍
74.75	51.26	0	0	21.36	2.14	0	書籍
22.19	11.1	26.63	31.07	2.22	4.44	11.1	書籍
65.16	26.06	0	0	45.61	10.86	0	書籍
33.88	22.59	0	0	39.53	0	0	書籍
5.33	0	138.67	21.33	0	37.33	0	書籍
46.24	0	46.24	0	23.12	0	0	書籍
31.41	25.13	0	0	6.28	31.41	6.28	書籍
15.25	15.25	0	3.81	19.06	11.44	7.62	書籍
96.9	23.69	0	0	34.45	0	0	書籍
4.27	19.91	14.22	9.96	9.96	21.34	7.11	書籍
61.35	18.4	6.13	12.27	42.94	6.13	12.27	書籍
77.16	36.01	0	0	30.86	5.14	0	書籍
23.78	20.81	8.92	14.86	26.75	23.78	11.89	書籍
1.84	0	82.61	5.51	22.03	1.84	9.18	書籍
0	7.45	0	2.48	29.81	19.88	0	書籍
29	0	5.8	0	23.2	5.8	5.8	書籍
27.49	0	19.64	3.93	11.78	11.78	3.93	書籍
39.18	29.38	4.9	14.69	4.9	0	0	書籍
0	0	2.08	85.33	0	8.32	2.08	白書
21.2	25.45	547.07	1166.24	42.41	373.2	29.69	白書
0	0	0	209.79	0	29.14	0	白書
5.83	5.83	40.82	579.32	9.72	73.87	19.44	白書
72.39	72.39	661.84	5791.11	108.58	558.43	243.02	白書
23.02	38.37	199.54	4213.35	53.72	560.25	230.24	白書
11.49	14.37	66.09	655.17	14.37	166.67	22.99	白書
62.7	48.76	215.95	1567.4	34.83	215.95	20.9	白書
10.56	0	10.56	1129.88	10.56	52.8	42.24	白書

0	0	0	2663.55	0	46.73	23.36	白書
52.31	80.84	632.43	2938.66	223.49	466	133.14	白書
93.98	169.17	733.08	5845.86	234.96	949.25	131.58	白書
105.63	154.93	626.76	1640.85	281.69	880.28	232.39	白書
0	0	0	56.62	0	5.39	0	白書
49.11	49.11	376.52	2317.59	49.11	224.51	44.43	白書
0	4.41	0	171.88	0	2.2	15.43	白書
132.63	70.73	632.18	3757.74	172.41	769.23	190.1	白書
18.61	14.47	184.04	581.06	10.34	80.65	59.97	白書
10	0	0	57.21	0	4.58	11.44	白書
4.3	4.3	32.24	481.51	21.5	45.14	0	白書
0	0	7.4	303.48	0	29.61	7.4	国会会議録
1.39	1.67	35.94	76.63	2.79	24.52	1.95	国会会議録
0	0	0	329.97	0	45.83	0	国会会議録
1.6	1.6	11.19	158.79	2.66	20.25	5.33	国会会議録
1.81	1.81	16.54	144.72	2.71	13.95	6.07	国会会議録
0.69	1.15	5.96	125.78	1.6	16.72	6.87	国会会議録
2.01	2.51	11.53	114.29	2.51	29.07	4.01	国会会議録
5.14	4	17.72	128.59	2.86	17.72	1.71	国会会議録
2.16	0	2.16	230.8	2.16	10.79	8.63	国会会議録
0	0	0	229.61	0	4.03	2.01	国会会議録
2.03	3.14	24.6	114.32	8.69	18.13	5.18	国会会議録
1.85	3.33	14.43	115.06	4.62	18.68	2.59	国会会議録
5.56	8.15	32.99	86.36	14.83	46.33	12.23	国会会議録
0	0	0	232.04	0	22.1	0	国会会議録
2.79	2.79	21.35	131.44	2.79	12.73	2.52	国会会議録
0	6.1	0	237.73	0	3.05	21.33	国会会議録
4.17	2.22	19.88	118.15	5.42	24.19	5.98	国会会議録
3.09	2.4	30.52	96.36	1.71	13.37	9.94	国会会議録
0	0	0	212.59	0	17.01	0	国会会議録
1.14	1.14	8.56	127.77	11.41	11.98	2.85	国会会議録

この表のデータがBCCWJ.txtというタブ区切りのテキストファイル（本書の付録データに収録しています）として作業スペースに保存されている場合，以下の手順でデータを読み込みます。

```
> # データの読み込み（なお，引数については第2章を参照）
> dat <- read.delim("BCCWJ.txt", header = TRUE)
```

そして，データの概要を見るには，summary() 関数を使います。[4]

```
> # データの概要
> summary(dat)
```

すると，以下のような結果が得られます。一番左の列を見ると，60ファイルにおける「ある。」の頻度の最小値（Min.）が0.000で，第1四分位点（1st Qu.）が1.028，中央値（Median）が5.235，平均値（Mean）が23.538，第3四分位点（3rd Qu.）が35.205，最大値（Max.）が132.630であることなどが分かります。なお，summary() 関数の出力の読み方に関しては，第2章も参照してください。

```
       ある               いる              です
Min.   : 0.000    Min.    : 0.000    Min.    : 0.00
1st Qu.: 1.028    1st Qu. : 0.000    1st Qu. : 0.00
Median : 5.235    Median  : 4.355    Median  : 11.36
Mean   : 23.538   Mean    : 19.448   Mean    : 93.63
3rd Qu.: 35.205   3rd Qu. : 24.050   3rd Qu. : 41.11
Max.   : 132.630  Max.    : 169.170  Max.    : 733.08
（以下省略）
```

---

[4] なお，説明変数の数が少ない場合には，summary() 関数のかわりにboxplot() 関数を使って，データの構造を視覚的に把握するとよいでしょう。

解析のステップとして，最初に dat に代入されたデータを奇数行と偶数行の 2 つに分割し，それぞれを学習データと評価データとします (学習データと評価データに関しては，第 8 章を参照してください)。その際，seq() 関数を使って，行数を指定する数値ベクトルを生成します。また，nrow(dat) は dat の行数を求めるコマンドで，ここでの n <- seq(1, nrow(dat), by = 2) は，1 から 60 までの整数値に含まれる奇数 (1, 3, 5, …, 57, 59) のベクトルを生成しています。

```
> # 学習データと評価データを作成
> n <- seq(1, nrow(dat), by = 2)  # 奇数のベクトルを生成
> dat.train <- dat[n, ]  # 奇数行のデータを抽出
> dat.test <- dat[-n, ]  # 偶数行のデータを抽出
```

4. ナイーブベイズによるジャンル判定

まずは，ナイーブベイズ (Naïve Bayes) によるジャンル判定を行ってみましょう。ナイーブベイズとは，近年データマイニングの分野で注目を集めているベイズ統計 (姜 2010) に基づく判別分析です。また，ナイーブベイズは，比較的少ない計算量で高い精度が出るとされる手法で，広く活用されています。

ナイーブベイズは，単純 (ナイーブ) な独立性の仮定とベイズの定理に基づく確率的な分類法です。「独立」というのは，個々の説明変数の間に関連がないという意味で，たとえば助詞の「が」と読点「，」それぞれの出現確率が互いに影響しないということです。実際には「が」と「，」のそれぞれの出現には関連性がありますが，これを無視することで計算が単純化され，より高い判別結果が得られます。

ナイーブベイズの応用例として，電子メールのスパム判定が挙げられます。たとえば，これまで 100 通のメールを受け取っているとして，このうち 60 通がスパムだったとします。そして，このスパムの半分に「無料」という単語が含まれていて，スパムではないメールでも 10 通に「無料」が含

まれていたとします。ここで整理します。

(1) スパムである確率 = 60/100 = 0.6
(2) スパムに「無料」が含まれる確率 = 30/60 = 0.5
(3) すべてのメールに「無料」が含まれる確率 = (30 + 10) / 100 = 0.4

これをベイズの定理という公式に当てはめると，次のような計算が可能になります。

(0.6 * 0.5) / (0.4) = 0.75

すなわち，次にメールが届き，この中に「無料」という単語が含まれていた場合，スパムである確率は 0.75 ということになります。なお，ナイーブベイズの詳細に関しては，姜(2010)などを参照してください。

Rでナイーブベイズを行うには，**e1071** パッケージの naiveBayes() 関数を使います。書式は，「目的変数 ~ 説明変数」のように記述します。なお，「目的変数 ~ .」と書くと，目的変数以外の変数が説明変数として分析に投入されます。そして，引数 data には，学習データを指定します。

```
> # ナイーブベイズ
> install.packages("e1071") # パッケージのインストール
> library(e1071) # ナイーブベイズを行う関数の準備
> nb.model <- naiveBayes(ジャンル ~ ., data = dat.train)
```

作成した判別モデル(nb.model)の情報は，以下のとおりです。

```
> nb.model # 判別モデルの確認

Naive Bayes Classifier for Discrete Predictors
```

```
Call:
naiveBayes.default(x = X, y = Y, laplace = laplace)

A-priori probabilities:
Y
国会会議録        書籍         白書
 0.3333333  0.3333333  0.3333333

Conditional probabilities:
           ある。
Y                [,1]         [,2]
   国会会議録    2.053      1.826995
   書籍         44.406     31.544202
   白書         43.412     47.766062
(以下省略)
```

上記の結果のうち，A-priori probabilitiesはデータセット全体における各ジャンルのファイル数の割合，Conditional probabilitiesは各ジャンルの平均値と標準偏差を表しています。

では，作成した判別モデルを使って，評価データに含まれているファイルを分類してみましょう。判別モデルを評価データに適用するには，predict()関数を使います。

```
> # 分類実験
> nb.pred <- predict(nb.model, dat.test)
> # 8列目はラベルなので，数値データ列と分けて指定
> (nb.tab <- table(dat.test[, 8], nb.pred))
            nb.pred
             国会会議録    書籍    白書
   国会会議録         10       0       0
```

```
    書籍                    0    10    0
    白書                    2     2    6
>
> # 正判別率の計算(対角要素の総数を全要素数で割る)
> sum(diag(nb.tab)) / sum(nb.tab)
[1] 0.8666667
```

　上記のとおり，ナイーブベイズでジャンル判定をした結果，約87％の精度で正しく判定することができました。

　ジャンルごとの精度を見てみると，国会会議録と書籍は10ファイルすべてが正解なので100％，白書は6ファイルが正解なので60％です。小説から実用書までの多様なテキストを含んでいるにもかかわらず，書籍が100％の精度で正しく判定されているのは，興味深い結果であると言えます。

5. k近傍法によるジャンル判定

　次に，k近傍法によるジャンル判定を行ってみましょう。k近傍法とは，判別すべき個体に関して，その周辺でもっとも近い個体をk個見つけ，そのk個の多数決によって，どのグループに属するかを判別する手法です。たとえば，図9.1のように，それぞれ●と□で表された2つの群があったとします。ここで中央にある△が所属不明のデータであり，これを●と□のどちらかに割り振りたいとします。このとき，△のデータを中心にもっとも近いk個(ここでは3個)のデータを見ると，□の方が多数派です。そこで，△は，□と同じ群に属すると考えます。このように原理は単純ですが，データ数が多い場合は，効果を発揮する手法です。

　Rでk近傍法を行うには，**class**パッケージのknn()関数を使います。書式は，「学習データ，評価データ，学習データのラベル，kの数」のように記述します。なお，以下の例では，kの数を3にしています。

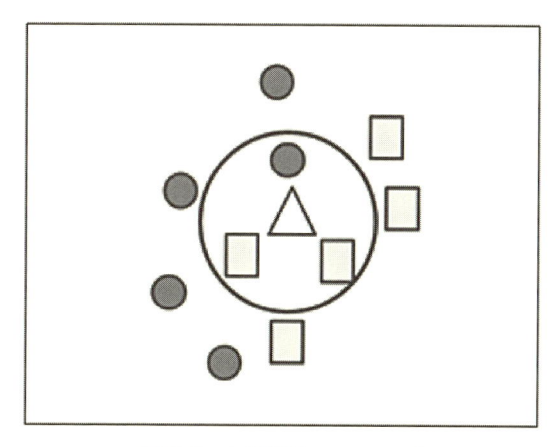

図9.1 k 近傍法のイメージ

```
> # k 近傍法
> install.packages("class") # パッケージのインストール
> library(class) # k 近傍法を行う関数の準備
> # 8 列目はラベルなので，数値データ列と分けて指定
> knn.model <- knn(dat.train[, -8], dat.test[, -8],
                   dat.train[, 8], k = 3)
```

作成した判別モデル(knn.model)の情報は，以下のとおりです．

```
> knn.model
 [1]  書籍       書籍       書籍       書籍       書籍
 [6]  書籍       書籍       書籍       書籍       書籍
[11]  白書       国会会議録 白書       白書       白書
[16]  白書       白書       国会会議録 国会会議録 国会会議録
[21]  国会会議録 国会会議録 国会会議録 国会会議録 国会会議録
[26]  国会会議録 国会会議録 国会会議録 国会会議録 国会会議録
```

```
Levels: 国会会議録  書籍  白書
```

では，作成した判別モデルを使って，評価データに含まれているファイルを分類してみましょう．

```
> # 分類実験
> (knn.tab <- table(dat.test[, 8], knn.model))
           knn.model
            国会会議録   書籍   白書
  国会会議録       10      0      0
  書籍              0     10      0
  白書              4      0      6
>
> # 正判別率の計算(対角要素の総数を全要素数で割る)
> sum(diag(knn.tab)) / sum(knn.tab)
[1] 0.8666667
```

k 近傍法でジャンル判定をした結果，約 87% の精度で正しく判定することができました．これは，先ほどのナイーブベイズと同じ精度です．ただ，k 近傍法の精度とナイーブベイズの精度が常に同じというわけではありません．分析に使ったデータや説明変数が変われば，それぞれの手法による分類の精度も変わります．

6. バギングによるジャンル判定

最後は，アンサンブル学習と呼ばれる方法を用いたジャンル判定の仕方を紹介します．アンサンブル学習とは，必ずしも精度が高いとは言えない複数の判別モデルの結果を組み合わせて，高精度な分類を可能にする方法です．そして，その代表的なアルゴリズムとして，バギングやブースティングが挙げられます．

一般に，分類を目的とした高度な計算手法では，非常に高い処理能力を要求されると同時に，過学習（→第 8 章）が起こりやすいことが知られています。アンサンブル学習ではこうした問題を，弱学習器と呼ばれる判別モデルを多数組み合わせることで対処しようとします。[5]

バギングやブースティングでは，ブートストラップ（汪・桜井 2011）というサンプリング手法を用いています。これは，手許のデータからサンプリングを行うことを繰り返し，そのつど求めようとする推定値を計算し，最後にその平均を取る手法です。

統計的な推測では，母集団の分布について仮定（たとえば，母集団は正規分布である）が必要になりますが，データの母集団の分布についての情報が全くない場合もあります。そのような問題に対して，ブートストラップ法は，母集団が未知の場合に，標本から重複サンプリングを繰り返すことで，母集団の性質を推測するのに使われます。バギングやブースティングでは，ブートストラップによって標本から繰り返しサンプリングされたデータに弱学習器を適用して，その結果から平均的な解を導きます。

一般に，コーパスから抽出した言語資料を対象として，何らかの判別を行おうとするとき，推定すべき値の数は非常に多くなるでしょう。このような場合，アンサンブル学習が有効な手段となります。

ここでは，もっとも古典的なアンサンブル学習法であるバギングを使ってみましょう。[6] バギングとは，ブートストラップで複数の学習データを作成し，それぞれの学習データから構築した判別モデルの結果の多数決によって，最終的な判定を行う手法です。[7]

R でバギングを行うには，**adabag** パッケージの bagging() 関数を使います。書式は，線形判別分析（→第 8 章）やナイーブベイズと同様に，「目的変数 ~ 説明変数」のように記述します。なお，分析では乱数が使われるため，結果は毎回微妙に異なります。ここでは set.seed() 関数で乱数の種

---

[5] アンサンブル学習で組み合わされる個々の判別モデル（学習器）は，ランダムで判別結果を決めるモデル（ランダム学習器）よりも少しだけ性能が良いため，弱学習器と呼ばれています（平井 2012）。

[6] バギング（bagging）という名称は，bootstrap aggregating に由来しています。

を設定し，以下と同じ出力を読者の側でも確認できるようにしています。

```
> # バギング
> install.packages("adabag") # パッケージのインストール
> library(adabag) # バギングを行う関数の準備
> set.seed(5) # 同じ結果を出すために，疑似乱数の種の設定
> bag.model <- bagging(ジャンル ~ ., data = dat.train)
```

バギングで最終的に構築された判別モデル（bag.model）の情報は，以下のとおりです。出力が非常に多いため，それぞれの説明変数の重要度を表すimportanceの項だけを表示します。

```
> bag.model$importance # それぞれの説明変数の重要度を表示
        ある            いる             う             か
  13.9729481       0.3580970     0.8155050     2.0942456
        です            ます             ん
   0.3972118      73.5980952     8.7638974
```

上記のimportanceは，それぞれの文末表現が分類に寄与している度合いを表しています。これを見ると，「ある」や「ます」や「ん」がとりわけ分類に寄与している一方で，「いる」などはあまり寄与していないことが分かります。

では，作成した判別モデルを使って，評価データに含まれているファイルを分類してみましょう。

---

[7] 因みに，ブースティングは，単純な多数決で複数の判別モデル（弱学習器）の結果を統合するバギングと異なり，それぞれの判別モデルに対して逐次的に重み付けを行います。具体的には，複数の判別モデルを用意して，学習を連続して行い，前の判別モデルの学習結果を参考にしながら，1つずつ判別モデルを構築していきます。このとき，誤って判別された学習データに対する重みを大きくし，正しく判別された学習データに対する重みを小さくすることで，あとで学習する判別モデルほど，誤りの多い学習データに集中して学習するようになります（平井 2012）。

```
> # 分類実験
> # 引数 new.data で評価データを指定
> bag.pred <- predict(bag.model, newdata = dat.test)
> (bag.tab <- table(dat.test[, 8], bag.pred$class))

             国会会議録   書籍   白書
  国会会議録        10      0      0
  書籍              0     10      0
  白書              3      0      7
>
> # 正判別率の計算(対角要素の総数を全要素数で割る)
> sum(diag(bag.tab)) / sum(bag.tab)
[1] 0.9
```

　バギングでジャンル判定をした結果，90％の精度で正しく判定することができました．これは，先ほどのナイーブベイズやk近傍法よりも3％ほど高い精度です．このように，アンサンブル学習に基づく手法は，計算量が多いかわりに，比較的高い精度が出ることが多いです．

7. まとめ

　本章では，高頻度な文末表現を説明変数とするナイーブベイズ，k近傍法，バギングを用いて，現代日本語書き言葉均衡コーパスにおける書籍，白書，国会会議録という3つのジャンルの判定を行いました．その結果，ナイーブベイズとk近傍法では約87％，バギングでは90％の精度で判定することができました．機械的に抽出可能な説明変数(文末表現)を用いるだけで，一定の精度でジャンル判定ができることは，興味深いと言えるでしょう．

第10章
方言データのテキストマイニング
「茸」のアクセントパターンを例に

> 本章では，決定木とランダムフォレストを用いて，年齢差と地域差によるアクセント変異を統計的に予測します。

1. はじめに

　ある話者がどのような言語変異を使用するかは，話者の年齢，性別，出生地，社会階層，場面といったさまざまな要因の影響を受けるでしょう。言語変種の研究では，『日本言語地図』（国立国語研究所 1966–1974）のように単一の変異相に焦点を当てるものもあれば，複数の変異相を関連付けて捉えようとする研究（たとえば，沢木 1985）もあります。そして，後者の立場では，言語変種の地図は単なる2次元のものではなく，3次元以上の重層的構造を持つものとして捉えています（柴田 1969）。そして，そのような多次元データの解析は手作業では難しく，何らかの統計的な処理が必要になります。

　方言データを統計的に分析した研究は，これまでにも多く存在します。たとえば，井上（2004）は，47都道府県を対象に，標準語形使用率と鉄道距離などを変数とするクラスター分析を行い，47都道府県が東日本クラスターと西日本クラスターに大別されることを示しました。そして，標準語系の普及には，「京都周圏分布」，「東京周圏分布」，「全国一律分布」という3つの段階が存在すると報告しました。

　また，横山・真田（2008）は，山形県鶴岡市における合計3回の共通語化調査のデータを対象に，被調査者の生年と3回の調査年を説明変数とする

ロジスティック回帰分析を行い，話者の共通語化率を予測しました。その結果，時間の経過とともに，共通語化率がS字カーブの軌跡を描いて上昇していくことを示しました。

本章では，話者の出生地と年齢を説明変数とする決定木とランダムフォレストを用いて，話者のアクセントパターンを推定します。

2. 分析データ

ここで使うデータは，徳川 (1985) で報告されている「茸」のアクセントパターンです。徳川 (1985) の調査は，1969 年 2 月 2 ～ 11 日と 3 月 18 ～ 27 日の 2 回に分けて，新潟県の西端にある糸魚川市の早川流域で行われました。そして，この谷間の地域が選ばれた理由には，(1) 調査地域における一方の端から他方の端にかけて線的な分布イメージが仮定できること，(2) 調査地域の中間地点が他地域からの影響を受けにくいこと，(3) 当該地域に関する方言情報がかなり集まっていること，などがあります。また，「糸魚川から向こう（姫川から西）はアクセントが違う」(平山 2005) と言われるように，このあたりが日本の東西2大方言が対立する場所であるということも挙げられます。

徳川 (1985) の調査方法は，面接質問調査でした。まず，絵を示して，なぞなぞ形式で自由回答を求め，ついで，すでに当該地域の老年層について情報を得ている表現を与えて，誘導，確認する方法を併用しました。そして，各地点の被調査者は，その地点で生まれ育った人を選び，性別，在外歴，学歴などは特に問題としませんでした。その結果，調査地域全体の人口の約 5% にあたる 274 人（男性 170 人，女性 104 人，最高 92 歳，最低 7 歳）が選ばれました。また，各地点平均で 10 人，平均 6.5 歳きざみの被調査者が得られました。本章では，「茸」のアクセントに関して無回答であった 16 人を除く 258 人を対象とします。

3. 説明変数

　ここで推定に用いる説明変数は，話者の出生地（調査地点）と年齢です。そして，地図閲覧サービス「ウォッちず」[1]を用いて，調査地域である27の地点の字名を検索し，各地点の経度と緯度を調査しました（表10.1）。ただし，一部集落がない地点にヒットした場合などは，集落のある任意の場所の座標を入力しました。経緯度は世界測地系（日本測地系2000＝JDG2000）にしたがっています。このように，地点名（名義尺度）を経度と緯度（間隔尺度）に変換することで，さまざまな統計処理を行うことが可能になります。

表 10.1　各地点の経緯度

地点	経度	緯度	地点	経度	緯度	地点	経度	緯度
A 梶屋敷	137.909	37.058	I 滝川原	137.942	37.029	R 吹原	137.990	37.029
B 大稲場	137.914	37.051	J 岩本谷内	137.952	37.032	S 寒谷	137.995	37.022
C 中島	137.916	37.048	K 越川原	137.957	37.028	T 大平	137.997	37.016
D お田屋	137.915	37.044	L 旧越	137.960	37.031	U 岩倉	138.007	37.015
E ひばの木	137.919	37.043	M 宮平	137.965	37.033	V 土倉	138.002	37.011
F 中野	137.918	37.040	N 中野	137.970	37.032	W 中川原新田	138.005	37.005
Ga 新町（農）	137.926	37.038	O 中林	137.976	37.033	X 猪平	138.009	37.004
Gc 新町（商）	137.930	37.035	P 坪野	137.979	37.030	Y 下湯	138.011	36.999
H 新道	137.934	37.033	Q 土塩音坂	137.984	37.026	Z 上湯	138.014	36.996

　表10.2は，「茸」のアクセントに関して回答が得られた258人のデータに関して，調査地点の経度と緯度，被調査者の年齢，アクセントパターンをまとめたものです（人数が多いため，ここでは一部のみを示しています）。

---

[1] http://watchizu.gsi.go.jp/index.html

表 10.2 集計データ(一部)

	経度	緯度	年齢	アクセント
1	137.909	37.058	13	頭高型
2	137.909	37.058	14	頭高型
3	137.909	37.058	15	頭高型
4	137.909	37.058	22	頭高型
5	137.909	37.058	34	頭高型
6	137.909	37.058	49	頭高型
7	137.909	37.058	57	頭高型
8	137.909	37.058	60	中高型
9	137.909	37.058	62	頭高型
10	137.909	37.058	70	頭高型
...	...	...	...	...
258	138.014	36.996	92	頭高型

この表のデータが kinoko.txt というタブ区切りのテキストファイル(本書の付録データに収録しています)として作業スペースに保存されている場合,以下の手順でデータを読み込みます.

```
> # データの読み込み(なお,引数については第 2 章を参照)
> dat <- read.delim("kinoko.txt", header = TRUE)
```

そして,データの概要を見るには,summary() 関数を使います.

```
> # データの概要
> summary(dat)
```

すると,以下のような結果が得られます.一番左の列を見ると,出力の有効桁数の関係であまり差が見られませんが,258 人分のデータにおける経度

の最小値(Min.)と第1四分位点(1st Qu.)が137.9で，中央値(Median)と平均値(Mean)と第3四分位点(3rd Qu.)と最大値(Max.)が138.0であることなどが分かります．なお，summary()関数の出力の読み方に関しては，第2章も参照してください．

```
     経度              緯度              年齢             アクセント
 Min.   :137.9   Min.   :37.00   Min.   : 7.00   中高型:154
 1st Qu.:137.9   1st Qu.:37.02   1st Qu.:25.25   頭高型: 96
 Median :138.0   Median :37.03   Median :44.50   平板型:  8
 Mean   :138.0   Mean   :37.03   Mean   :44.48
 3rd Qu.:138.0   3rd Qu.:37.04   3rd Qu.:62.75
 Max.   :138.0   Max.   :37.06   Max.   :92.00
```

そして，datに代入された258人のデータから158人分を学習データとして抽出し，残りの100人分のデータを評価データとします．データの分割にあたっては，sample()関数を用いたランダムサンプリングを行います．なお，sample()関数は，ある範囲の数値からランダムに値を抽出するための関数です．ランダムであるため，実行するたびに結果は変わります．本書の実行結果を再現するため，以下のコードでは乱数を制御する処理を加えています(詳細はスクリプトの解説を参照ください)．

```
> # 学習データと評価データを作成
> set.seed(5) # 同じ結果を出すために，疑似乱数の種の設定
> n <- sample(1:258, 158) # 1から258までの数値から158個の数値を抽出
> dat.train <- dat[n, ] # 乱数で指定された番号のデータを訓練データに
> dat.test <- dat[-n, ] # その残りを評価データに
```

4. 決定木によるアクセントパターンの推定

まずは，決定木によるアクセントパターンの推定を行ってみましょう。決定木は，非線形判別分析の1つとして位置付けられ，説明変数の値を何らかの基準で分岐させ，判別モデルを構築します。分岐の過程は，木構造で表現することができ，IF-THEN（もし〜ならば，〜となる）のような簡単なルールで表すこともできます。

決定木は，その名のとおり，木が幹を伸ばし，枝分かれさせて葉を茂らせるように，データを次々と2つに分割していく分類手法です。特に，2分割して分岐させていくアルゴリズムを CART と言います。たとえば，ある商品を買うかどうかについて，客の性別（男・女），職業（学生・それ以外）という要因があるとして，それらの効果を知りたいとします。ここで，図 10.1 のような決定木が得られたとします。

一番上の枝分かれが開始する点をルートと言います。ここでまず，男・女で枝が分かれます。男の（左枝）の先は，葉（終端ノード）で終わっており，「買う」というラベルが付けられます。一方，女（右の枝）の先では，さらに職業というノードがあり，ここで再び分岐があります。学生だと左の枝を進み，その先には「買う」というラベルがあります。その他だと右に進み，ラベルは「買わない」です。実際には，このようにきれいな判別ができることはめったになく，誤判別されるデータもあります。うまく判別できない事例

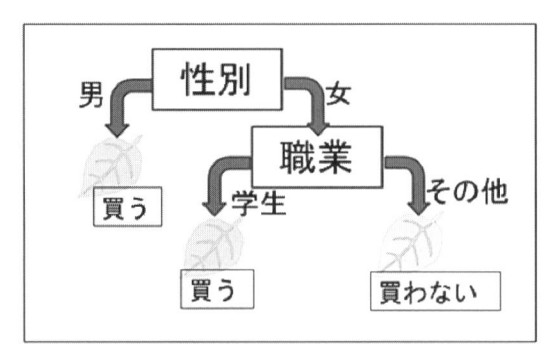

図 10.1　決定木のイメージ

はあるにせよ，2分割することを枝分かれに見立てて分類ルールを構築するのが決定木です。

問題は枝分かれをどのように生成するかですが，ここではジニ係数を利用した分析を扱います。ジニ係数は，経済学では所得の不均衡を表す概念で，データ分析の分野では「不純度」を意味します。簡単に言えば，分別されていない状態が「不純」で最大値の1となり，分別が完全に行われた状態が「純粋」で最小値の0を取ります。

Rで決定木(CART)を行うには，**mvpart**パッケージのrpart()関数を使います。書式は，「目的変数～説明変数」のように記述します。なお，「目的変数～.」と書くと，目的変数以外の変数はすべて説明変数として分析に投入されます（この場合は緯度，経度，年齢の3つが説明変数です）。そして，引数dataには，学習データを指定します。

```
> # 決定木
> install.packages("mvpart") # パッケージのインストール
> library(mvpart) # 決定木を行う関数の準備
> set.seed(5) # 同じ結果を出すために，疑似乱数の種の設定
> rp.model <- rpart(アクセント ~ ., data = dat.train)
```

作成した判別モデル(rp.model)の情報は，以下のとおりです。なお，print()関数の引数digitは，出力の小数点以下の有効桁数を指定するもので，この場合はdigitの数より1桁多い表示となります。

```
> print(rp.model, digit = 1) # 判別モデルの確認
n= 158

node), split, n, loss, yval, (yprob)
      * denotes terminal node

 1) root 158 60 中高型 (0.60 0.37 0.03)
```

```
    2) 緯度 < 4e+01 100 20 中高型 (0.80 0.17 0.03)
      4) 経度 >=1e+02 81 10 中高型 (0.86 0.14 0.00)*
      5) 経度 < 1e+02 19  9 中高型 (0.53 0.32 0.16)
       10) 年齢 >=5e+01 9  2 中高型 (0.78 0.11 0.11)*
       11) 年齢 < 5e+01 10  5 頭高型 (0.30 0.50 0.20)
         22) 経度 < 1e+02 6  2 頭高型 (0.33 0.67 0.00)*
         23) 経度 >=1e+02 4  2 平板型 (0.25 0.25 0.50)*
    3) 緯度 >=4e+01 58 20 頭高型 (0.26 0.72 0.02)
      6) 経度 >=1e+02 36 10 頭高型 (0.36 0.61 0.03)
       12) 年齢 >=2e+01 29 10 頭高型 (0.45 0.52 0.03)
         24) 緯度 < 4e+01 6  2 中高型 (0.67 0.33 0.00)*
         25) 緯度 >=4e+01 23 10 頭高型 (0.39 0.57 0.04)
           50) 経度 >=1e+02 19  7 頭高型 (0.37 0.63 0.00)
            100) 年齢 < 6e+01 14  6 頭高型 (0.43 0.57
                0.00)
             200) 年齢 >=5e+01 4  1 中高型 (0.75 0.25
                 0.00)*
             201) 年齢 < 5e+01 10  3 頭高型 (0.30 0.70
                 0.00)*
            101) 年齢 >=6e+01 5  1 頭高型 (0.20 0.80
                0.00)*
           51) 経度 < 1e+02 4  2 中高型 (0.50 0.25 0.25)*
       13) 年齢 < 2e+01 7  0 頭高型 (0.00 1.00 0.00)*
      7) 経度 < 1e+02 22  2 頭高型 (0.09 0.91 0.00)*
```

　では，上記の結果を見てみましょう．最初に node), split, n, loss, yval, (yprob) とありますが，node) は分岐のノードの番号，split は分岐の条件，n はそのノードに含まれている個体数，loss が誤分類の個体数，ybal はそのノードの目的変数，yprob が各ノードの適合確率を表しています．また，* が付いているノードは，それが終端ノードであることを表

しています．さらに，親ノードと子ノードの関係は，行頭のインデントで示されています．

　この結果を文字と数字だけで見ると非常に複雑ですが，次のように，plot()関数とtext()関数を用いて視覚化することができます．その際，text()関数の引数use.nをTRUEにすると，各ノードに含まれるデータ数が表示されます．

```
> # 木の視覚化
> par(xpd = NA)  # 無駄な余白を消す処理(ウィンドウ全体を使う)
> plot(rp.model, minbranch = 3)  # 引数minbranchは枝の
長さを調整
> text(rp.model, use.n = TRUE)
```

　図10.2は，上記のコードを実行した結果です．この図を見ると，話者の出生地の緯度が37.03未満であれば左側へ，37.03以上であれば右側へ分岐していることが分かります．

　また，Rの決定木では，過学習(→第8章)を避けるために，複雑過ぎる木を剪定することができます．木の最適な複雑さを求めるには，plotcp()関数を使います．

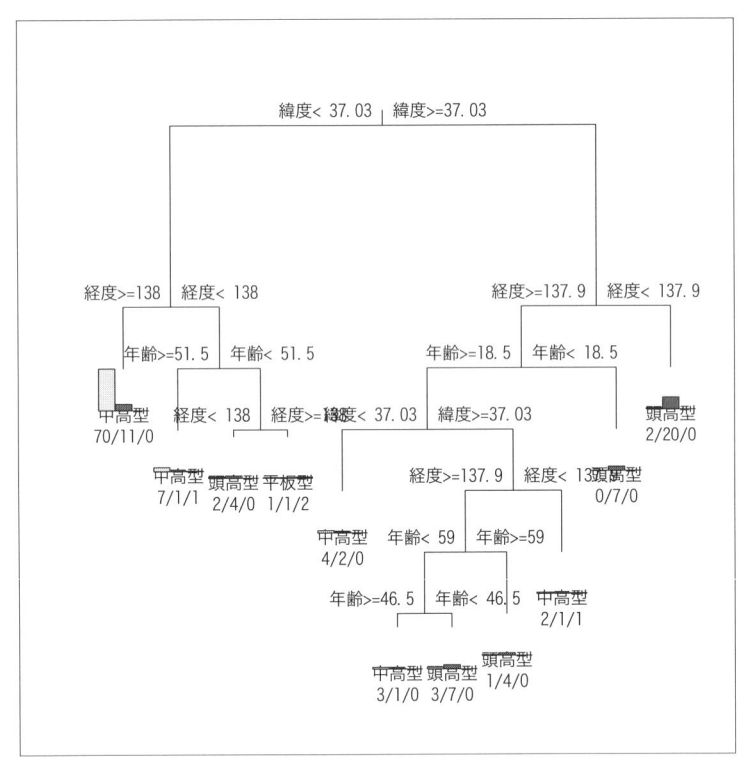

図 10.2 決定木の視覚化

```
> # 木の複雑さ
> plotcp(rp.model)
```

図 10.3 は，その結果として得られるグラフです。この図の下の横軸 (cp) は木の複雑さ，上の横軸 (Size of tree) は木のサイズ (葉の数)，水平の直線 Min+1SE は Error の最小値に標準偏差を足した値を，それぞれ示しています。そして，オレンジ色 (本書では薄いグレー，すなわち cp=0.082 の位置) の点が木を剪定する目安です。

実際に木を剪定するには，prune() 関数を使います。その際，引数 cp で木の複雑さを指定します。

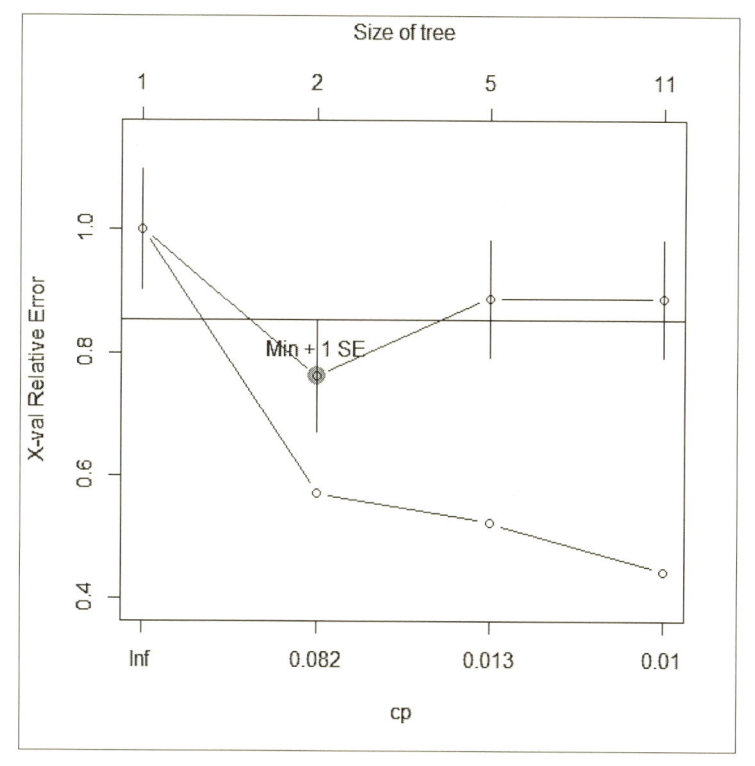

図 10.3　木の複雑さ

```
> # 木の剪定(より良い判別モデルの作成)
> rp.model.pr <- prune(rp.model, cp = 0.082)
> # 剪定した木の視覚化
> par(xpd = NA) # 無駄な余白を消す処理(ウィンドウ全体を使う)
> plot(rp.model.pr, minbranch = 2) # 引数 minbranch は
枝の長さを調整
> text(rp.model.pr, use.n = TRUE)
```

図 10.4 は，cp=0.082 で剪定した木です。剪定前 (図 10.1) と比べて，かな

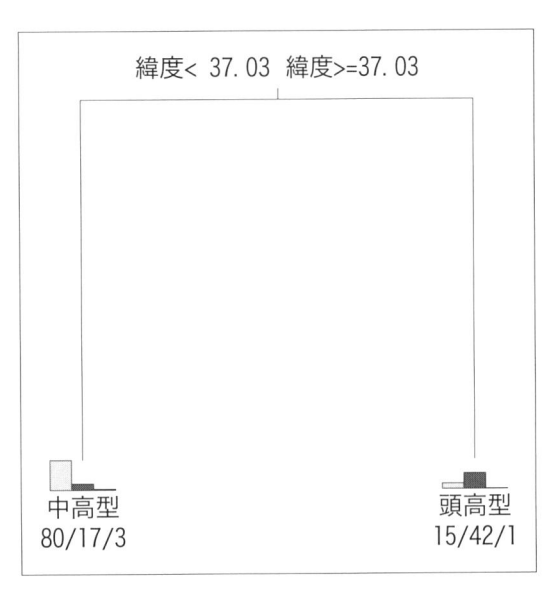

```
                  緯度< 37.03  緯度>=37.03



                中高型                        頭高型
                80/17/3                      15/42/1
```

図 10.4 剪定した決定木

りシンプルなものになっています。

では，作成した判別モデルを使って，評価データに含まれているファイルを分類してみましょう。

```
> # 分類実験
> rp.pred <- predict(rp.model.pr, dat.test, type = "class")
> # 4列目はラベルなので，数値データ列と分けて指定
> (rp.tab <- table(dat.test[, 4], rp.pred))
        rp.pred
         中高型  頭高型  平板型
  中高型     50       9       0
  頭高型      9      28       0
  平板型      1       3       0
>
```

```
> # 正判別率の計算(対角要素の総数を全要素数で割る)
> sum(diag(rp.tab)) / sum(rp.tab)
[1] 0.78
```

決定木でアクセントパターンの推定をした結果，78％の精度で正しく判定することができました。アクセントパターンごとの精度を見ると，頭高型をかなりの精度で推定できた一方で，平板型はすべて間違ってしまいました。これは，平板型の話者の数が圧倒的に少ないためだと考えられます。

5. ランダムフォレストによるアクセントパターンの推定

次に，ランダムフォレストによるアクセントパターンの推定を行ってみましょう。ランダムフォレストとは，端的に言えば，決定木のアンサンブル学習(→第 9 章)です。具体的には，ブートストラップ(→第 9 章)というサンプリング法で複数の学習データを作成し，個々の学習データから未剪定の決定木を生成します。そして，すべての決定木から得られる結果の多数決によって，最終的な判定を行う手法です。多数の木を生成させることを森に見立てて，ランダムフォレストと呼ばれています。

ランダムフォレストでは，バギングやブースティングと同様，ブートストラップ法を用いて，データから新たなサンプルを数多く生成し，モデルを構築しますが，あらかじめ一部のサンプルを，妥当性の検証のためのデータとして取り除いておきます。この検証用に残されたサンプルを OOB (out-of-bag)と言います。また，すべての変数を分析に用いるバギングと異なり，ランダムフォレストでは，変数をランダムサンプリングしたサブセットを用います。そのため，変数の数が非常に多いデータセットを効率的に分析することが可能です。[2]

---

[2] DNA マイクロアレイの結果を分析する場合のように，個体の数に比べて変数の数が非常に多いデータを解析する場合，伝統的な統計手法で正確な結論を導き出すことは困難となります。こうしたデータの解決方法として，ブースティングやランダムフォレストが知られています(岡田 2011)。

Rでランダムフォレストを行うには，**randomForest**パッケージのrandomForest()関数を使います．書式は，決定木と同様に，「目的変数 ~ 説明変数」のように記述します．そして，引数ntreeはランダムフォレストで生成する木の数，引数mtryは分岐に用いる説明変数の数を，それぞれ表しています．[3] また，引数proximityをTRUEにすると，話者間の類似度を計算することができます（これについては，後述します）．

```
> # ランダムフォレスト
> install.packages("randomForest") # パッケージのインストール
> library(randomForest) # ランダムフォレストを行う関数の準備
> set.seed(5) # 疑似乱数の種の設定
> rf.model <- randomForest(アクセント ~ ., ntree = 1000, mtry = 2, proximity = TRUE, data = dat.train)
```

ランダムフォレストで最終的に作成された判別モデル（rf.model）の情報は，以下のとおりです．OOB estimate of error rateとは，OOBに基づく交差妥当化（→第8章）の結果を表しています．それを見ると，誤判別率が約30%，つまりは正判別率が約70%であることが分かります．

```
> rf.model

Call:
 randomForest(formula = アクセント ~ ., data = dat.
```

---

[3] 生成する木の数が個体や変数の数に対してあまりにも少ない場合に，ランダムフォレストの結果が不正確なものになることがあります．本書では紙面の都合で詳細を割愛しますが，plot(rf.model)のように，作成された判別モデルに対してplot()関数を実行することで，分析に用いた木の数と誤判別率の関係を視覚化することができます（金2007）．

```
                 train, ntree = 1000,      mtry = 2, proximity = TRUE)
                       Type of random forest: classification
                             Number of trees: 1000
No. of variables tried at each split: 2


        OOB estimate of  error rate: 31.01%
Confusion matrix:
         中高型    頭高型    平板型    class.error
中高型      74       19       2      0.2210526
頭高型      23       35       1      0.4067797
平板型       3        1       0      1.0000000
```

また，varImpPlot()関数を用いることで，アクセントパターンの推定における個々の説明変数の寄与度を見ることができます（図10.5）。横軸の

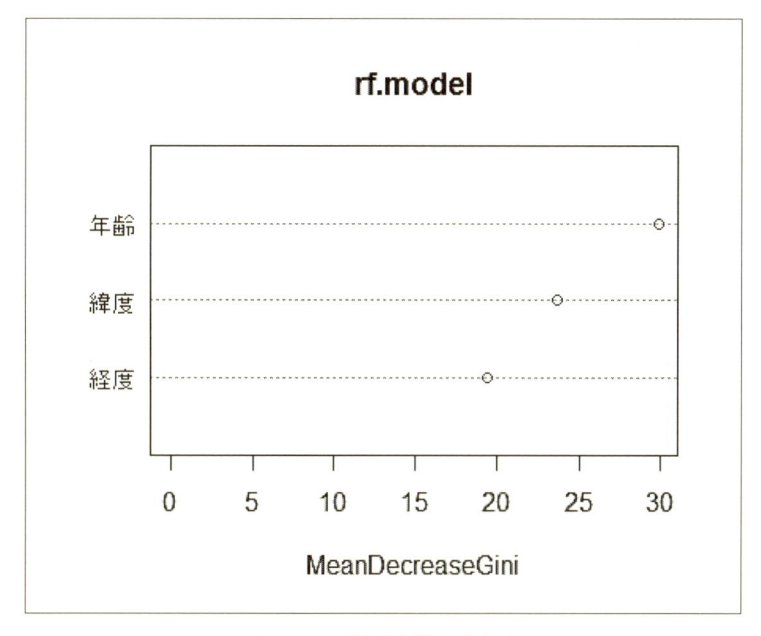

図 10.5　説明変数の寄与度

MeanDecreaseGiniは，個々の説明変数がノードの分割に使われたときの不純度（ジニ係数）の減少率を判別モデル（森）全体で平均した数値を表し，判別モデルに対する寄与度を意味します。これを見ると，年齢がもっとも推定に寄与していることが分かります。

```
> # 説明変数の寄与度
> varImpPlot(rf.model)
```

そして，ランダムフォレストを実行する際に引数 proximity を TRUE にした場合，多次元尺度法（→第 6 章）を用いて話者間の類似度を視覚化することができます（図 10.6）。

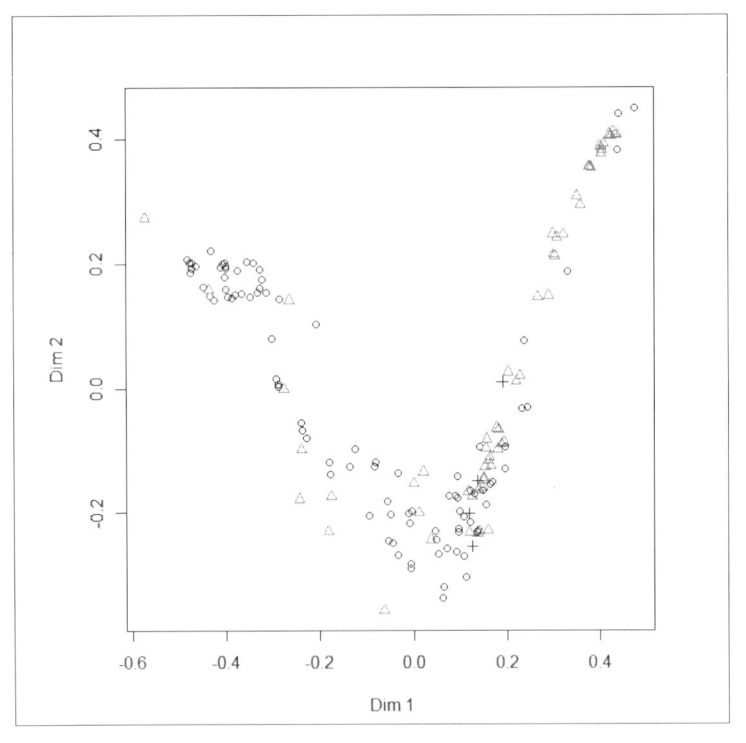

図 10.6　ランダムフォレストの結果に基づく多次元尺度法

```
> # 多次元尺度法
> MDSplot(rf.model, dat.train$アクセント, pch =
as.numeric(dat.train$アクセント))
```

この図では，中高型が○，頭高型が△，平板型が＋で表されています．そして，左側に中高型が，右側に頭高型が分布しています．また，平板型は，中高型と頭高型の中間付近に点在しています．

では，作成した判別モデルを使って，評価データに含まれているファイルを分類してみましょう．

```
> # 分類実験
> rf.pred <- predict(rf.model, dat.test)
> # 4列目はラベルなので，数値データ列と分けて指定
> (rf.tab <- table(dat.test[, 4], rf.pred))
       rf.pred
        中高型 頭高型 平板型
  中高型    50     8     1
  頭高型     7    29     1
  平板型     1     3     0
>
> # 正判別率の計算(対角要素の総数を全要素数で割る)
> sum(diag(rf.tab)) / sum(rf.tab)
[1] 0.79
```

ランダムフォレストでアクセントパターンの推定をした結果，79％の精度で正しく判定することができました．なお，決定木の場合と同じく，平板型は話者数が非常に少ないために，精度が低くなっています．

一般的に，ランダムフォレストは決定木よりも高い精度が出ることが多いと言われています（たとえば，金2009）．

6. まとめ

本章では，決定木とランダムフォレストを用いて，年齢差と地域差によるアクセント変異を統計的に予測しました。その結果，決定木では78％，ランダムフォレストでは79％の精度で正しく推定することができました。無論，より本格的な方言研究をするには，他の地域や語も対象とした分析を行う必要があるでしょう。しかしながら，たとえ話者や説明変数が増えたとしても，ここで学んだ手法をそのまま適用することが可能です。特に，ランダムフォレストは，何百，何千という大量の説明変数を効率的に扱えるという利点を持っています。その意味では，大規模な方言調査の結果を分析するのに適した手法と言えるでしょう。

参考文献

相澤彰子・内山清子(2011)「語の共起と類似性」松本裕治(編)(2011)『言語と情報科学』(pp.58–76) 朝倉書店.
東照二(2006)『歴代首相の言語力を診断する』研究社.
東照二(2007)『言語学者が政治家を丸裸にする』文藝春秋.
東照二(2010)『選挙演説の言語学』ミネルヴァ書房.
足立浩平(2006)『多変量データ解析法―心理・教育・社会系のための入門』ナカニシヤ出版.
石川慎一郎(2005)「合衆国大統領選挙討論会における候補者発話語彙の分析―コーパスに基づく批判的談話分析の試み」『言語文化学会論集』25, pp.3–15.
石川慎一郎・前田忠彦・山崎誠(編)(2010)『言語研究のための統計入門』くろしお出版.
石田基広(2008)『R によるテキストマイニング』森北出版.
石田基広(2012a)『R 言語逆引きハンドブック』C&R 研究所.
石田基広(2012b)『R で学ぶデータ・プログラミング入門―RStudio を活用する』共立出版.
石田基広・金明哲(編)(2012)『コーパスとテキストマイニング』共立出版.
井上史雄(2004)「標準語形普及の 3 段階―鉄道距離と 4 クラスター別標準語形使用率」『言語研究』16, pp.39–68.
大名力(2012)『言語研究のための正規表現によるコーパス検索』ひつじ書房.
岡田昌史(編)(2011)『R パッケージガイドブック』東京図書.
小野原彩香(2011)「岐阜県旧徳山村におけるアクセント様相と交通状況との関係性―ネットワーク分析を用いたアクセント分布と交通状況の類似性の算出」『人文科学とコンピュータシンポジウム論文集―「デジタル・アーカイブ」再考』(pp.219–224) 情報処理学会.
金森敬文・竹之内高志・村田昇(2009)『R で学ぶデータサイエンス 5―パターン認識』共立出版.
姜興起(2010)『R で学ぶデータサイエンス 3―ベイズ統計データ解析』共立出版.
金明哲(2007)『R によるデータサイエンス―データ解析の基礎から最新手法まで』森北出版.

金明哲(2009)『テキストデータの統計科学入門』岩波書店.
金明哲・樺島忠夫・村上征勝(1993)「読点と書き手の個性」『計量国語学』18(8), pp.382–391.
金明哲・村上征勝(2003)「文章の統計分析とは」金明哲・村上征勝・永田昌明・大津起夫・山西健司『言語と心理の統計―ことばと行動の確率モデルによる分析』(pp.1–57)岩波書店.
工藤彰・村井源・徃住彰文(2011)「村上春樹の『1Q84』における因子分析を用いたチャプターの特徴と共起ネットワーク」『人文科学とコンピュータシンポジウム論文集―「デジタル・アーカイブ」再考』(pp.133–140) 情報処理学会.
小磯花絵・小木曽智信・小椋秀樹・宮内佐夜香(2009)「コーパスに基づく多様なジャンルの文体比較―短単位情報に注目して」『言語処理学会第 15 回年次大会発表論文集』, pp.594–597.
国立国語研究所(編)(1966–1974)『日本言語地図』(全 6 巻) 国立国語研究所.
小林雄一郎(2008)「サッチャーのレトリックを計る―コーパスにもとづく通時的分析」曽村充利(編)『新自由主義は文学を変えたか―サッチャー以後のイギリス』(pp.89–111) 法政大学出版局.
小林雄一郎(2010a)「コレスポンデンス分析―データ間の構造を整理する」石川慎一郎・前田忠彦・山崎誠(編)『言語研究のための統計入門』(pp.245–264) くろしお出版.
小林雄一郎(2010b)「判別分析―データの分類ルールを探る」石川慎一郎・前田忠彦・山崎誠(編)『言語研究のための統計入門』(pp.139–161) くろしお出版.
小林雄一郎(2012)「テキストマイニングで見る『機動戦士ガンダム』」『マイニング技術を応用したテクスト分析研究』(統計数理研究所共同研究リポート 278) (pp.31–44) 統計数理研究所.
小林雄一郎(2013)「教師あり学習と教師なし学習を用いた芥川龍之介と太宰治の計量文体分析」『統計学的マイニング技術を応用したテクスト研究』(統計数理研究所共同研究リポート 298) (pp.3–13) 統計数理研究所.
沢木幹栄(1985)「地域差と世代差と場面差」国立国語研究所(編)『方言の諸相―「日本言語地図」検証調査報告』(pp.229–262) 国立国語研究所.
柴田武(1969)『言語地理学の方法』筑摩書房.
鈴木崇史・影浦峡(2008)「総理大臣国会演説における基本的文体特徴量の探索的分析」『計量国語学』26(4), pp.113–122.
鈴木努(2009)『R で学ぶデータサイエンス 8―ネットワーク分析』共立出版.
田畑智司(2010)「歴代米国大統領就任演説の言語変異―多変量アプローチによるテ

クストマイニング」『英語コーパス研究』17, pp.143–159.
陳志文(2012)『現代日本語の計量文体論』くろしお出版.
辻谷将明・竹澤邦夫(2009)『Rで学ぶデータサイエンス6―マシンラーニング』共立出版.
東京大学教養学部統計学教室(1991)『統計学入門』東京大学出版会.
鄧敏君(2008)「日本語・中国語間の翻訳テキストにおける文長の傾向―双方向パラレルコーパスを用いた翻訳行為の特徴の分析」『翻訳研究への招待』2, pp.133–145.
徳川宗賢(1985)「地域差と年齢差」国立国語研究所(編)『方言の諸相―「日本言語地図」検証調査報告』(pp.91–156) 国立国語研究所.
豊田秀樹(編)(2008)『データマイニング入門―Rで学ぶ最新データ解析』東京図書.
中尾桂子(2010)「相関分析―データの関連を見る」石川慎一郎・前田忠彦・山崎誠(編)『言語研究のための統計入門』(pp.85–104) くろしお出版.
中尾桂子(2012)「国語・国文学論文におけるアカデミック性判断の指標について」『統計手法を利用した言語データ分析』(統計数理研究所共同研究リポート277) (pp.23–34) 統計数理研究所.
那須川哲哉(2006)『テキストマイニングを使う技術/作る技術―基礎技術と活用事例から導く本質と活用法』東京電機大学出版局.
新實葉子(2011)「進行相を表わす『〜中』表現と英語の前置詞句表現の比較―日英パラレルコーパスを用いた分析」野瀬昌彦(編)『日本語とX語の対照―言語を対照することでわかること』(pp.152–163) 三恵社.
バイバー, D.・コンラッド, S.・レッペン, R.(2003)『コーパス言語学―言語構造と用法の研究』(齋藤俊雄・朝尾幸次郎・山崎俊次・新井洋一・梅咲敦子・塚本聡 訳) 南雲堂.
平井有三(2012)『はじめてのパターン認識』森北出版.
平山輝男(2005)『新潟県のことば』(日本のことばシリーズ15) 明治書院.
フェルドマン, R.・サンガー, J.(2010)『テキストマイニングハンドブック』(辻井潤一監訳) 東京電機大学出版局.
ブランデンベルク, R.・グリッツマン, P.(2007)『最短経路の本』(石田基広訳) シュプリンガー・ジャパン.
フリーデル, J. E. F.(2008)『詳説正規表現』(長尾高弘訳) オライリー・ジャパン.
間瀬茂(2007)『Rプログラミングマニュアル』数学工学社.
水谷静夫(1982)『数理言語学』培風館.
三中信宏(1997)『生物系統学』東京大学出版会.

村上征勝(1994)『真贋の科学―計量文献学入門』朝倉書店.
村上征勝(2004)『シェークスピアは誰ですか？―計量文献学の世界』文藝春秋.
村田年(2000)「多変量解析による文章の所属ジャンルの判別―論理展開を支える接続語句・助詞相当句を指標として」『統計数理』48(2), pp.311–326.
村田年(2007)「専門日本語教育における論述文指導のための接続語句・助詞相当句の研究」『統計数理』55(2), pp.269–284.
望月圭子(2009)「中国語を母語とする上級日本語学習者によるヴォイスの誤用分析―中国語との対照から」『東京外国語大学論集』78, pp.85–106.
元田浩・津本周作・山口高平・沼尾正行(2006)『データマイニングの基礎』オーム社.
安本美典(1965)『文章心理学入門』誠信書房.
安本美典(1966)『文章心理学の新領域―改訂版』誠信書房.
安本美典(1978)『日本語の成立』講談社.
安本美典・本多正久(1978)『日本語の誕生』大修館書店.
安本美典・本多正久(1981)『因子分析』培風館.
矢野環(2006)「文化系統学―歴史を復元する」村上征勝(編)『文化情報学入門』(pp.36–48) 勉誠出版.
矢野環(2011)「Rcmdr のプラグイン (1) ―FactoMineR ① CA」『ESTRELA』209, pp.46–51.
山田亮(2010)『遺伝統計学の基礎―R による遺伝因子解析・遺伝子機能解析』オーム社.
山元啓史(2011)「『山吹』をめぐる和歌語彙の空間」『人文科学とコンピュータシンポジウム論文集―「デジタル・アーカイブ」再考』(pp.141–146) 情報処理学会.
横山詔一・真田治子(2008)「言語変化の S 字カーブによる鶴岡市の共通語化予測」『日本語学会 2008 年度春季大会予稿集』, pp.167–174.
ラッセル, M. A. (2011)『入門ソーシャルデータ―データマイニング, 分析, 可視化のテクニック』(長尾高弘ほか訳) オライリー・ジャパン.
李在鎬・石川慎一郎・砂川有里子(2012)『日本語教師のためのコーパス調査入門』くろしお出版.
リーチ, G. N.・ショート, M. H. (2003)『小説の文体―英米小説への言語学的アプローチ』(筧壽雄ほか訳) 研究社.
汪金芳・桜井裕仁(2011)『R で学ぶデータサイエンス 4―ブートストラップ入門』共立出版.

索　引

A
adabag パッケージ　169
aggregate()　68
Aozora()　52
ape パッケージ　123
as.phylo()　123

B
bagging()　169

C
c()　32
CaBoCha　15
CART　178
CJEJUS (Corpus of Japanese Essays Written by Japanese University Students)　88
class パッケージ　166
collocate()　83
cor()　99
corresp()　106
CRAN　23
CSV 形式　35

D
dist()　120
docDF()　73, 79, 81
docMatrix()　73

docMatrixDF()　81
docNgram()　78

E
e1071 パッケージ　153, 164
EOS　55

G
graph.data.frame()　133
grep　66

I
IDF (Inverted Document Frequency)　75
igraph パッケージ　133
IPA 辞書　13

J
Juman　11

K
knn()　166
k 近傍法　166

L
lda()　147
library()　61

M

MASSパッケージ 106, 147
mean() 41
MeCab 10, 13
MI値 83
mvpartパッケージ 179

N

naiveBayes() 164
n-gram 68, 103
nj() 125
NJ法（近隣結合法） 125

O

order() 83

P

plot() 181
predict() 150, 165
print() 179
prune() 182

R

randomForest() 186
randomForestパッケージ 186
read.csv() 37
read.delim() 38
RMeCabDF() 81
RMeCabパッケージ 51, 60
round() 108
rpart() 179

S

sample() 177
sd() 43
setwd() 27
sum() 150
summary() 49
svm() 153

T

table() 150
text() 181
TF (Term Frequency) 75
T値 82

V

var() 43

W

WinCha 14

あ

青空文庫　8
アンサンブル学習　168

い

イェーツの補正　94
因子 (factor)　3
インストール　23, 60

え

エレガント・バリエーション　131
延べ語数　54

お

オブジェクト　31

か

重み付け　75
カイ自乗検定　93
カイ自乗分布　93
階層的手法　111
過学習　151
係り受け解析　15
仮説検定　90
関数　32

き

機械学習　152
機動戦士ガンダム　129
基本統計量　40
帰無仮説　90
共起　82
教師あり学習　146

教師なし学習法　105

行列　59
距離　112
金明哲　19

く

クラスター　111
クラスター分析　111
クラスタリング　20
グラフ理論　133
群間分散　147
群内分散　147

け

形態素解析　10
系統樹　122
計量言語学　4
欠損値 (NA)　58
決定木　178
言語類型論　117
現代日本語書き言葉均衡コーパス
　　(Balanced Corpus of Contemporary
　　Written Japanese, BCCWJ)　8, 157

こ

交差妥当化　151
構文解析　15
コーパス　8
コサイン正規化　77
異なり語数　54
コロケーション　82

さ
最頻値(mode) 43
サポートベクターマシン(SVM) 152

し
シェークスピア＝ベーコン論争 4
ジップの法則(Zipf's law) 5
ジニ係数 179
ジャンル判定 158
自由度 43

す
水準(level) 4

せ
正規化 75
正規表現 68
正規分布 6
線形判別分析 146

そ
相関係数 98
相関分析 98

た
対応分析 106
代入 31
タイプ数 54
対立仮説 90
タグ 9
多次元尺度法 120
多変量解析 19
単語・文書行列(Term Document Matrix) 39

ち
茶筌(ChaSen) 13
中央値(median) 43
注釈(#) 31
著者推定 141

て
データフレーム 34
データマイニング(data mining) 1
デンドログラム 113

と
トークン数 54
独立性の検定 89
トライグラム(trigram) 68

な
ナイーブベイズ(Naïve Bayes) 163

に
日本語 WordNet 18
日本語話し言葉コーパス(Corpus of Spontaneous Japanese, CSJ) 157

ね
ネットワーク分析 133

は
バイグラム(bigram) 68, 143, 159
バイプロット 109
バギング 169

箱ひげ図　47
外れ値　47
判別モデル　147

ひ
非階層的手法　111
ヒストグラム　41
ピボットテーブル　55
標準偏差　7, 41
標本（sample）　49
ビン（bin）　46

ふ
フィッシャーの正確確率検定　96
ブートストラップ法　169
プログラミング言語　31
分散　41, 42
分類　20

へ
平均値（mean）　7, 40, 43
ベクトル　32
ヘルプ　46
変数　19
変量　19

ほ
母集団（population）　49

む
村上征勝　19

め
メタ文字　68
メンデルホール　4

も
文字コード　21

や
安本美典　5

ゆ
有意水準　90

よ
予測　20
四分位点　47
四分位範囲　47

ら
ランダムフォレスト　185

わ
ワード・スペクトル　4

【著者紹介】

石田基広（いしだ もとひろ）

1962年生まれ。東京都出身。1991年 東京都立大学大学院博士課程中退。広島大学助手，徳島大学講師，准教授を経て，徳島大学大学院ソシオ・アーツ・アンド・サイエンス研究部教授。
〈主著〉『Rによるテキストマイニング入門』（森北出版，2008年），『Rで学ぶデータ・プログラミング入門』（共立出版，2012年），『とある弁当屋の統計技師（データサイエンティスト）』（共立出版，2013年）．

小林雄一郎（こばやし ゆういちろう）

1979年生まれ。東京都出身。2012年大阪大学大学院博士後期課程修了（学術博士）。日本学術振興会特別研究員PD。
〈主著〉『言語研究のための統計入門』（くろしお出版，2010年，共著），『英語教育学の実証的研究法入門』（研究社，2012年，共著），『英語学習者コーパス活用ハンドブック』（大修館書店，2013年，共著）．

Rで学ぶ日本語テキストマイニング

Text mining for Japanese language with R
Motohiro Ishida and Yuichiro Kobayashi

発行	2013年10月18日　初版1刷
	2015年 3月31日　　 2刷
定価	2600円＋税
著者	© 石田基広・小林雄一郎
発行者	松本功
印刷・製本所	三美印刷株式会社
発行所	株式会社 ひつじ書房
	〒112-0011 東京都文京区千石2-1-2 大和ビル2階
	Tel.03-5319-4916　Fax.03-5319-4917
	郵便振替 00120-8-142852
	toiawase@hituzi.co.jp　http://www.hituzi.co.jp/

ISBN978-4-89476-654-9

造本には充分注意しておりますが，落丁・乱丁などがございましたら，小社かお買上げ書店にておとりかえいたします。ご意見，ご感想など，小社までお寄せ下されば幸いです。